Andreas Frodl

Logistik und Qualitätsmanagement im Gesundheitsbetrieb

T0222189

Andreas Frodl

Logistik und Qualitätsmanagement im Gesundheitsbetrieb

Betriebswirtschaft für
das Gesundheitswesen

Bibliografische Information der Deutschen Nationalbibliothek
Die Deutsche Nationalbibliothek verzeichnet diese Publikation in der
Deutschen Nationalbibliografie; detaillierte bibliografische Daten sind im Internet über
<http://dnb.d-nb.de> abrufbar.

1. Auflage 2012

Alle Rechte vorbehalten
© Gabler Verlag | Springer Fachmedien Wiesbaden GmbH 2012

Lektorat: Guido Notthoff

Gabler Verlag ist eine Marke von Springer Fachmedien.
Springer Fachmedien ist Teil der Fachverlagsgruppe Springer Science+Business Media.
www.gabler.de

Umschlaggestaltung: KünkelLopka Medienentwicklung, Heidelberg
Gedruckt auf säurefreiem und chlorfrei gebleichtem Papier
Printed in Germany

ISBN 978-3-8349-3363-8

Vorwort

Die im Rahmen der Materialwirtschaft des Gesundheitsbetriebs entstehenden Kosten für medizinisches und pflegerisches Verbrauchsmaterial sind ein gewichtiger Faktor im Rahmen der Gesamtkosten des Gesundheitsbetriebs: Regelmäßige Preiserhöhungen der Hersteller, steigender Materialbedarf bei zunehmenden Patientenvolumen oder aber auch vorbestimmte Verbräuche sind Rahmenbedingungen, die kaum veränderbar erscheinen. Die Materialwirtschaft ist dennoch nur eines der Aufgabengebiete der Logistik in einem Gesundheitsbetrieb. Die Optimierung des Durchlaufprozesses von Patienten und medizinischem Material ist gleichzeitig eng mit dem Qualitätsmanagement bei der Erbringung der Behandlungs- und Pflegeleistungen verknüpft. So trägt beispielsweise die Vermeidung von unnötigen Liege-, Lager- und Transportzeiten letztendlich auch zu einer qualitativen Verbesserung der Patientensituation bei.

Das vorliegende Buch befasst sich daher mit den logistischen Grundlagen des Gesundheitsbetriebs, der Gestaltung, Planung, Normierung und Standardisierung von Behandlungs- und Pflegeleistungen, weist auf die Bedeutung des Einsatzes und der Bewirtschaftung von medizinischem Verbrauchsmaterial hin und zeigt die Einsatzbedingungen medizintechnischer Betriebsmittel im Gesundheitsbetrieb auf. Mit der Instandhaltung medizintechnischer Betriebsmittel werden beispielhaft logistische Besonderheiten in Gesundheitsbetrieben behandelt, ebenso wie die Betriebsmittelplanung und -beschaffung. Ausführlich wird auf die medizinische Qualitätssicherung im Allgemeinen und auf besondere Qualitätsmanagementsysteme wie QEP, ISO, EPA, KTO und EFQM eingegangen. Für die Vertiefung des einen oder anderen Verfahrens stehen am Ende des Buches Literaturhinweise zur Verfügung.

Die Quellenangaben und Literaturhinweise wurden am Ende des Buches zusammengefasst, sodass zugunsten eines vereinfachten Lesens dadurch auf zahlreiche Fußnoten verzichtet werden konnte.

Nicht immer lässt sich das im Buch Dargestellte vollständig auf eine bestimmte Situation in einer Arztpraxis oder Klinik übertragen, denn die mangelnde Vergleichbarkeit von Dienstleistungsunternehmen, Werkstattbetrieben oder Industriekonzernen selbst innerhalb einer Branche trifft im Grundsatz natürlich auch auf Gesundheitsbetriebe zu. Mit mehr als 100 Beispielen, Abbildungen, Tabellen wurde dennoch versucht, die jeweilige Relevanz zu belegen.

Die Leserinnen mögen mir nachsehen, dass aufgrund der einfacheren Lesbarkeit durchgängig maskuline Berufsbezeichnungen verwendet wurden.

Erding, im September 2011   Andreas Frodl

Inhaltsverzeichnis

Abkürzungsverzeichnis

ÄZQ	Ärztliches Zentrum für Qualität in der Medizin
AGB	Allgemeine Geschäftsbedingungen
AMG	Arzneimittelgesetz
AS	Abfallschlüssel
AVV	Abfallverzeichnis-Verordnung
AWB	Abfallwirtschaftsbetrieb München
AWMF	Arbeitsgemeinschaft der Wissenschaftlichen Medizinischen Fachgesellschaften
BÄK	Bundesärztekammer
BfArM	Bundesinstitut für Arzneimittel und Medizinprodukte
BMBF	Bundesministerium für Bildung und Forschung
BMG	Bundesgesundheitsministerium
BQS	Bundesgeschäftsstelle Qualitätssicherung gGmbH
BtMG	Betäubungsmittelgesetz
BtMVV	Betäubungsmittel-Verschreibungsverordnung
BVMed	Bundesverband Medizinprodukteindustrie e.V.
ChemG	Chemikaliengesetz
CMR	(CMR-Arzneimittel): cancerogen, mutagen, reproduktionstoxisch

CT   Computertomographie

DEKV   Deutscher Evangelischer Krankenhausverband

DFG   Deutsche Forschungsgemeinschaft

DIN   Deutsches Institut für Normung e. V.

DKG   Deutsche Krankenhausgesellschaft e.V.

DMP   Disease-Management-Programm

DNQP   Deutsches Netzwerk für Qualitätsentwicklung in der
                Pflege

DPR   Deutscher Pflegerat e.V.

DSGV   Deutsche Gesellschaft für Sterilgutversorgung e.V.

EDI   Electronic Data Interchange

EFQM   European Foundation for Quality Management

EPA   Europäisches Praxisassessment

EuAB   Europäisches Arzneimittelbuch

FhG   Fraunhofer-Gesellschaft

FTS   Fahrerloses Transportsystem

GBA   Gemeinsamer Bundesausschuss

GefStoffV   Gefahrstoffverordnung

GIN   Guidelines International Network

GKV   Gesetzliche Krankenversicherung

GQMG   Gesellschaft für Qualitätsmanagement in der Gesundheitsversorgung

HGF   Helmholtz-Gemeinschaft

HMV   Hausmüll-Verbrennung

IEC   International Electrotechnical Commission

IfSG   Infektionsschutzgesetz

IQWiG   Institut für Qualität und Wirtschaftlichkeit im Gesundheitswesen

ISO   International Organization for Standardization

KBV   Kassenärztliche Bundesvereinigung

KCQ   Kompetenz-Centrum Qualitätssicherung / Qualitätsmanagement

KKVD   Katholischer Krankenhausverband Deutschland

KLE   Klinik Logistik Eppendorf GmbH

KrW-/AbfG   Kreislaufwirtschafts- und Abfallgesetz

KTQ   Kooperation für Transparenz und Qualität im Gesundheitswesen

KZBV   Kassenzahnärztliche Bundesvereinigung

MDE   Mobile Datenerfassung

MDK   Medizinischer Dienst der Krankenversicherung

MDS	Medizinischer Dienst der Spitzenverbände der Kranken-versicherung
MPBetreibV	Medizinproduktebetreiberverordnung
MPG	Max-Planck-Gesellschaft
MPG	Medizinproduktegesetz
MPSV	Medizinprodukte-Sicherheitsplanverordnung
MRT	Magnetresonanztomographie
NAMed	Normenausschuss Medizin
NARK	Normenausschusses Rettungsdienst und Krankenhaus
NRZ	Nationales Referenzzentrum für Krankenhaushygiene
NVL	Nationale Versorgungsleitlinien
PDLZ	Patientendurchlaufzeit
PEI	Paul-Ehrlich-Institut
PKV	Private Krankenversicherung
QEP	Qualität und Entwicklung in Praxen
RBM	Risk Based Maintenance
RCM	Reliability Centered Maintenance
RKI	Robert-Koch-Institut

SAV	Sonderabfall-Verbrennung
SCM	Supply Chain Management
TQM	Total Quality Management
TRGS	Technische Regeln für Gefahrstoffe
TÜV	Technischer Überwachungsverein
UKE	Universitätsklinikum Hamburg- Eppendorf
VDI	Verband deutscher Ingenieure
WGL	Wissenschaftsgemeinschaft Gottfried Wilhelm Leibniz
ZSVA	Zentrale Sterilgutversorgungsabteilung

1 Grundlagen

1.1 Einordnung der Logistik und des Qualitätsmanagements in die Gesundheitsbetriebslehre

Die **Gesundheitsbetriebslehre** ist vergleichbar mit der Industriebetriebslehre, Handelsbetriebslehre oder Bankbetriebslehre: Sie befasst sich mit einer speziellen Betriebsart, den Gesundheitsbetrieben. Sie geht davon aus, dass die Ressourcen für einen Gesundheitsbetrieb begrenzt sind und daher einen ökonomischen Umgang mit den knappen Mitteln erfordern: Finanzielle Ressourcen, Kapital, Finanzierungsmöglichkeiten, aber auch Personal oder Behandlungseinrichtungen, stehen in jeder medizinischen Einrichtung nicht in beliebiger Menge zur Verfügung. Es gilt sie so einzusetzen, dass sie den größtmöglichen Nutzen stiften.

Der **Gesundheitsbetrieb** lässt sich dabei als in sich geschlossene Leistungseinheit zur Erstellung von Behandlungs- oder Pflegeleistungen an Patienten oder Pflegebedürftigen ansehen, die dazu eine Kombination von Behandlungseinrichtungen, medizinischen Produkten und Arbeitskräften einsetzt. Zum Einsatz können auch Betriebsmittel, Stoffe und sonstige Ressourcen gelangen, die nur mittelbar zur Erstellung der Behandlungs- oder Pflegeleistungen beitragen.

Arztpraxen, Zahnarztpraxen, Pflegeeinrichtungen, heilpraktische Einrichtungen, Krankenhäuser etc. lassen sich somit eindeutig als Gesundheitsbetriebe identifizieren. Sonstige Einrichtungen des Gesundheitswesens wie Krankenkassen, kassenärztliche Vereinigungen oder pharmazeutische Unternehmen zählen hingegen nicht dazu. Als Grenzfälle können beispielsweise Apotheken angesehen werden, da sie eher in der Arzneimitteldistribution anzusiedeln sind und selten Leistungen direkt am Patienten erbringen. Eine Krankenhausapotheke kann hingegen durch die Herstellung individueller medizinischer Produkte genauso wie eine orthopädische Werkstatt direkt in einen Krankenhausbetrieb integriert sein. Das gilt beispielsweise auch für ein in einer Zahnarztpraxis befindliches Dentallabor.

Als Beispiel für eine Auflistung von Gesundheitsbetrieben kann der Geltungsbereich der *Richtlinie über die ordnungsgemäße Entsorgung von Abfällen aus Einrichtungen des Gesundheitsdienstes* (Stand: Januar 2002) des *Robert-Koch-Instituts (RKI)*, Berlin, angesehen werden, in der folgende Einrichtungen genannt sind:

- Krankenhäuser einschließlich entsprechender Einrichtungen in Justizvollzugsanstalten und Sonderkrankenhäuser,

- Dialysestationen und -zentren außerhalb von Krankenhäusern und Arztpraxen einschließlich der Heimdialyseplätze,

- Vorsorge- und Rehabilitationseinrichtungen, Sanatorien und Kurheime,

- Pflege- und Krankenheime bzw. -stationen, einschließlich Gemeinde- und Krankenpflegestationen,

- Einrichtungen für das ambulante Operieren,

- Arztpraxen und Zahnarztpraxen,

- Praxen der Heilpraktiker und physikalischen Therapie.

Die Gesundheitsbetriebe lassen sich ferner nach unterschiedlichen Merkmalen in folgende Arten einteilen (siehe **Tabelle 1.1**).

Tabelle 1.1   Typologie von Gesundheitsbetrieben.

Merkmale	Betriebsarten	Beispiele
Größe	Kleinbetriebe, Großbetriebe	Arztpraxis, Polyklinik
Rechtsform	Betriebe in öffentlicher Rechtsform, als Personen- oder Kapitalgesellschaft	Landkreisklinik als Eigenbetrieb, Gemeinschaftspraxis, Klinikum AG

Merkmale	Betriebsarten	Beispiele
Leistungs-umfang	Betriebe mit ambulanter Versorgung, Betriebe mit stationärer Versorgung	Tagesklinik, Tagespflege, Krankenhaus mit verschiedenen Abteilungen bzw. Stationen
Leistungs-art	Betriebe für medizinische Grundversorgung, Vollversorgung	Hausarztpraxis, Pflegedienst, stationäre Pflegeeinrichtung
Speziali-sier-ungsgrad	Betriebe für allgemeine Behandlungsleistungen; Betriebe für spezielle Behandlungsleistungen	Allgemeinarztpraxis, HNO-Praxis, Kieferorthopädische Praxis, Augenklinik
Einsatz-faktoren	Arbeitsintensive Betriebe, anlagenintensive Betriebe	Pflegeeinrichtung, Diagnosezentrum, Röntgenpraxis

Die einzelnen Betriebsarten oder -typologien sind nicht immer eindeutig voneinander abgrenzbar: Häufig bieten beispielsweise Spezialkliniken ambulante und stationäre Behandlungsleistungen gleichzeitig an und ein städtisches Klinikum der Vollversorgung wird in der Regel sowohl arbeits- als auch anlagenintensiv betrieben. Ein Blick auf die Anzahl ausgewählter Gesundheitsbetriebe macht deutlich, welche Bedeutung sie für die betriebliche Landschaft Deutschlands haben (siehe **Tabelle 1.2**).

Tabelle 1.2   Anzahl ausgewählter Gesundheitsbetriebe in Deutschland im Jahre 2007.

Betriebe	Anzahl	Mitarbeiter
Krankenhäuser	2.087	1.075.000
Vorsorge- oder Rehabilitationseinrichtungen	1.239	159.000
Arztpraxen	125.745	662.000
Zahnarztpraxen	46.178	336.000

Betriebe	Anzahl	Mitarbeiter
Pflegedienste ambulant	11.529	236.162
Pflegeeinrichtungen stationär	11.029	573.545

Quelle: Statistisches Bundesamt

Zählt man die statistisch kaum erfassten und daher in **Tabelle 1.2** nicht aufgeführten Betriebe von Beschäftigungs- und Arbeitstherapeuten, Hebammen/Geburtshelfern, Heilpraktikern Masseuren, medizinische Bademeistern, Krankengymnasten, Psychotherapeuten etc. hinzu, kommt man auf über 200.000 Einrichtungen mit mehr als 3.000.000 Mitarbeitern.

Der Gesamtumsatz aller Gesundheitsbetriebe lässt sich am ehesten anhand der Gesundheitsausgaben aller Ausgabenträger (öffentliche Haushalte, private Haushalte, gesetzliche und private Kranken- und Pflegeversicherung usw.) ermessen, die nach Angaben des *Statistischen Bundesamtes* 2009 über 278 Milliarden Euro betragen haben.

Die Gesundheitsbetriebslehre nimmt die Perspektive eines einzelnen Gesundheitsbetriebs ein. Ihre Ziele liegen dabei nicht nur die Beschreibung und Erklärung betriebswirtschaftlicher Sachverhalte und Phänomene, sondern auch in der konkreten Unterstützung der betrieblichen Entscheidungsprozesse.

Sie versucht dabei betriebliche Sachverhalte zu erläutern, Zusammenhänge zu erklären und aufgrund des Aufzeigens von Handlungsalternativen und deren Bewertung Gestaltungsempfehlungen zu geben.

Berücksichtigt werden dabei verschiedene Einsatzfaktoren, die unmittel- oder mittelbar zum Erstellungsprozess von Gesundheitsleistungen beitragen, wie beispielsweise:

■ die menschliche Arbeitsleistung am Patienten,

■ der Einsatz von medizintechnischen und sonstigen Betriebsmitteln,

■ die Verwendung von medikamentösen, medizinischen, pharmazeutischen Heilmitteln und sonstigen Stoffen.

Neben diesen Elementarfaktoren gibt es *dispositive* Faktoren (Arbeitsleistungen im Bereich von Leitung, Planung, Organisation Kontrolle usw.) oder weitere Faktoren, die beispielsweise als

■ Leistungen von Dritten,

■ immateriellen Leistungen (Rechte, Informationen usw.),

■ Zusatzleistungen

in den Leistungserstellungsprozess eingehen.

Insofern muss die Gesundheitsbetriebslehre versuchen, auch in ihrer Bandbreite das betriebswirtschaftliche Geschehen möglichst vollständig zu erfassen. Sie erstreckt sich daher neben Teilgebieten, wie beispielsweise Planung, Finanzierung, Personal, Marketing, Kostenmanagement, Information, Steuerung und Kontrolle, auch auf die gesundheitsbetriebliche Logistik und das Qualitätsmanagement. Deren Aufgabe ist es, das richtige medizinische Verbrauchsmaterial sowie die richtigen medizintechnischen Betriebsmittel zum richtigen Zeitpunkt, am richtigen Ort, in der richtigen Art und Menge bereitzustellen. Die richtige Qualität ist dabei im Hinblick auf die Behandlungs- und Pflegeleistungen eines Gesundheitsbetriebs von besonderer Bedeutung.

1.2 Bedeutung der gesundheitsbetrieblichen Logistik und des Qualitätsmanagements

Die Logistik im Gesundheitsbetrieb zählt zu den wichtigen Supportfunktionen. Ihre Optimierung trägt dazu bei, dass sich der Gesundheitsbetrieb auf seine Kernkompetenzen Diagnostik, Therapie und Pflege konzentrieren kann. Dadurch werden Material- und Prozesskosten reduziert sowie finanzielle und personelle Ressourcen freigesetzt, die dann für die Hauptleistungen verwendet werden können. Die langfristigen Erfolgspotenziale in diesem Bereich liegen neben den erzielbaren Kostenvorteilen vor allem auch in einer verbesserten Prozessoptimierung sowie die Steigerung der Dienstleistungsqualität des Gesundheitsbetriebs.

Nach Angaben von Langzeitstudien des *Fraunhofer Instituts, Arbeitsgruppe für Technologien der Logistik-Dienstleistungswirtschaft*, Nürnberg, kostet die zeitliche Beanspruchung der Health Professionals mit professions- und kernfremden logistischen Aufgaben nicht nur Geld, sondern geht auch direkt zu Lasten der Pflege und Behandlung von Patienten sowie der Mitarbeitermotivation, sodass im Zuge dieser Entwicklung die logistische und wirtschaftliche Leistungsfähigkeit an Bedeutung gewinnt. Es wird davon ausgegangen, dass es im Bereich Materialwirtschaft und Logistik ein Kostensenkungspotenzial in vierstelliger Höhe pro Bett bzw. mehr als eine Milliarde Euro im gesamten Gesundheitswesen gibt.

Zu den typischen Logistikdienstleistungen in einem Gesundheitsbetrieb zählen beispielsweise die Sicherstellung der Verfügbarkeit sämtlicher benötigter Ressourcen (Medikamente, Pflegepersonal, OP-Räume, Betten, usw.), die Bewirtschaftung von medizinischem Verbrauchs- und Pflegematerial, der Patiententransport, die Beschaffung, der Einsatz und die Wartung von medizintechnischen Betriebsmitteln, die Entsorgung von medizinischen Abfällen und vieles andere mehr. Gleichzeitig übernimmt die Logistik im Gesundheitsbetrieb die Aufgaben der Koordinierung und Planung von Prozessabläufen, wobei sie möglichen Konflikten, die sich aus der Gleichzeitigkeit zu erreichender Ziele, wie hoher Bettenauslastung, kurzen Patientenwartezeiten, geringen Leerstände, hoher Materialverfügbarkeit und hoher Einsatzflexibilität ergeben, unterliegt. Sie muss ferner versuchen, diese Ziele unter Beachtung technischer und wirtschaftlicher Rahmenbedingungen sowie möglichst niedriger Logistikkosten bzw. weitgehender Vermeidung zusätzlicher Kosten zu erreichen.

So verfügt beispielsweise die *Klinik Logistik Eppendorf GmbH (KLE)* über ca. 450 Mitarbeiter und versorgt als Tochterunternehmen das *Universitätsklinikum Hamburg- Eppendorf (UKE)* mit zahlreichen logistischen Leistungen (siehe **Tabelle 1.3**).

Tabelle 1.3   Logistisches Leistungsspektrum der *Klinik Logistik Eppendorf GmbH (KLE).*

Logistischer Aufgabenbereich	Logistische Teilaufgaben	Logistische Leistungsdimensionen
Entsorgung	Sie ist zuständig für die ordnungsgemäße Beseitigung/ Verwertung annähernd aller anfallenden Abfälle im UKE. Ein fahrerloses Transportsystem (FTS) transportiert im Durchschnitt alle vier Minuten einen vollen Müllcontainer in das Entsorgungszentrum, wo der Restmüll im Zweischichtbetrieb in die dafür vorgesehene Presse abgeworfen wird.	So wird jährlich für insgesamt rund 4.800 t Abfall die Entsorgung organisiert, durchgeführt und beauftragt, darunter alleine 2.500 t von Mitarbeitern, Patienten und Fremdfirmen verursachter Restmüll.
Fallwagen	Bei der Fallwagenversorgung werden zu jeder Zeit die Medikalprodukte und Instrumente für alle spontanen und geplanten OPs im Zentral- OP Just- in - time bereitgestellt, wozu eine tägliche Disposition der Lagerartikel, der Wareneingang, die Kommissionierung der Tages- und Fallwagen und deren Qualitätskontrolle sowie die Auftragssteuerung erforderlich sind.	Hierzu werden täglich etwa 70 geplante Fallwagen, etwa 25 Tageswagen und durchschnittlich zehn Notfälle durch das Fallwagenteam kommissioniert und an den OP übergeben.

Logistischer Aufgabenbereich	Logistische Teilaufgaben	Logistische Leistungsdimensionen
Güterlogistik	Zu ihren Hauptaufgaben gehören die Sterilgutransporte, die Apothekenbelieferung, der Transport von Lebenserhaltungsgeräten, medizinischen Geräten und Büroartikeln sowie klinikinterne Umzüge und diverse Spontantransporte.	Fünf Fahrzeuge ver- und entsorgen im Dreischichtbetrieb an sieben Tagen in der Woche.
Inhouselogistik	Sie hat die Aufgabe, das Klinikum mit Waren aus dem Zentrallager, Wäsche, Apothekengütern und Speisen über ein automatisches Warentransportsystem (AWT) zu versorgen.	Durch das System werden täglich etwa 850 Container auf einem Streckennetz von 2.200 m bewegt.
Krankentransport	Seine Hauptaufgabe ist die Patientenbeförderung, die je nach Mobilität der Patienten und örtlichen Gegebenheiten mit verschiedensten Transportmitteln durchgeführt wird. Sekundär befördert der Krankentransport Laborgüter, Arzneimittel und andere kleinere patientenbezogene Gegenstände und medizinische Unterlagen.	Pro Tag werden bis zu 1.100 Transporte durchgeführt.

Logistischer Aufgabenbereich	Logistische Teilaufgaben	Logistische Leistungsdimensionen
Modulversorgung	Durch sie wird die Materialversorgung in fast allen Kliniken des UKE und deren Tochterunternehmen sichergestellt. Die Bedarfe der Stationen werden scannergestützt erfasst, automatisch wird eine Bestellung im Einkauf oder Zentrallager generiert und nach Anlieferung wird die Ware auf den jeweiligen Stationen in die richtigen Schränke eingelagert: Es wird eine Kontrolle der Mindesthaltbarkeitsdaten durchgeführt und auf die Einhaltung des „First- In- First- Out"- Prinzip geachtet.	Insgesamt werden über 180 Kostenstellen mit 2.200 Schränken und 25.000 Artikeln versorgt.
Post	Sie übernimmt die morgendliche Kommissionierung der eingehenden Post von extern in die Touren, die Verteilung der Briefe, die erneute Kommissionierung der abgeholten Briefsendungen innerhalb des UKE und die Frankierung der nach extern zu versendenden Post sowie die Annahme, Sichtung, Zuordnung und das Austragen der eingegangenen Pakete sowie die Bearbeitung der zu verschickenden Paketsendungen.	Insgesamt werden täglich etwa 5.000 Briefe zugestellt.

Logistischer Aufgabenbereich	Logistische Teilaufgaben	Logistische Leistungsdimensionen
Shuttle-Service	Er transportiert Patienten, Gäste, Besucher und Mitarbeiter zwischen den einzelnen Liegenschaften des UKE.	Pendelverkehr über eine Strecke von etwa 3 km.
Spedition	Sie führt die täglichen Gütertransporte für das UKE durch.	Im Zwei-Stunden-Takt pendeln zwei Fahrzeuge und transportieren täglich durchschnittlich 180 Modultransportwagen, welche im UKE durch das FTS weiterbefördert werden.
Zentralarchiv	Im Zentralarchiv werden sämtliche Krankenakten aus stationären und ambulanten Behandlungsfällen aller Kliniken archiviert.	Jährlich werden etwa 100.000 Krankenakten archiviert.
Zentrallager	Im Zentrallager lagern über 3.270 Artikel in über 1.810 Paletten- und 9.200 Fachboden-Lagerplätzen in fünf Hallen auf über 5.200 qm Fläche.	Im Durchschnitt werden täglich über 500 Artikelposition im Wareneingang und über 2.100 Artikelpositionen im Warenausgang bewegt. Dazu werden täglich bis zu 150 AWT- Container und fast 100 Rollgitterwagen bereitgestellt.

Logistischer Aufgabenbereich	Logistische Teilaufgaben	Logistische Leistungsdimensionen
Zentrale Sterilgut-versorgungs-abteilung	In der ZSVA wird das wieder verwendbare Instrumentarium aus den Kliniken und Polikliniken des UKE aufbereitet und gelagert sowie die Reinigung von Endo-skopen und deren Zubehör durchgeführt.	Aufbereitung auf 1.288 qm in verschiedenen Abteilungsabschnitten.

Doch nicht nur Großkliniken haben beeindruckende logistische Leistungs-dimensionen aufzuweisen. Auch Arzt- und Zahnarztpraxen bewegen und lagern beispielsweise größere Mengen an medizinischem Material in den Bereichen Praxiseinrichtung, Pflege, Injektion, Infusion, Verbandstoffe, Instrumente, Hygiene, Nahtmaterial, Diagnostik, Praxis- und Laborartikel, EKG, Ultraschall, Notfall und Erste Hilfe, Medizintechnik, Therapie oder Naturheilkunde. Dental-Depots und Anbieter von Produkten und Dienst-leistungen in den Bereichen Human- und Zahnmedizin bieten teilweise ein Sortiment von bis zu 200.000 Produkten für den Einsatz in der Arzt- oder Zahnarztpraxis an.

Wie eng logistische Prozesse in Gesundheitsbetrieben mit dessen Quali-tätsmanagement verknüpft sind, zeigt die Sterilgutversorgung bzw. die Aufbereitung von Medizinprodukten.

Hierzu verweist beispielsweise die *Deutsche Gesellschaft für Sterilgut-versorgung e.V. (DSGV)* in den Empfehlungen ihres Arbeitskreises „Qua-lität" auf den Aufbau von Qualitätsmanagement in der ZSVA: „Alle Einzelschritte der Aufbereitung müssen durch Anwendung validierter Verfahren den Erfolg stets nachvollziehbar und reproduzierbar gewähr-leisten. Dies ist nur durch den Aufbau von Qualitätsmanagement (QM) in der ZSVA möglich. Die Validierung der technischen Verfahren, die wir zur Aufbereitung einsetzen, ist oft einfacher durchzuführen als die Validierung der vielen Tätigkeiten, die manuell durchgeführt werden. Hier besteht zurzeit nur die Möglichkeit und nach Gesetzeslage sogar die Verpflichtung, diese Arbeitsschritte im Rahmen von Qualitätsmanagement zu beschreiben und durch Vorgabedokumente in Form Verfahrens- und Arbeitsanweisungen schriftlich vorzugeben." ... „Ein Beispiel zum besseren Verständnis ist die Entsorgung von Medizinprodukten zur Aufbereitung. Soll eine Arbeitsanweisung zur Entsorgung erstellt werden, muss dabei der Transportweg beachtet werden. Hier gibt es verschiedene Möglichkeiten wie den Transport durch den Hol- und Bringedienst, durch die Nutzung von Aufzügen und einige andere." (siehe **Abbildung 1.1**)

Abbildung 1.1   Logistik- und Qualitätsaspekte bei der Sterilgutaufbereitung.

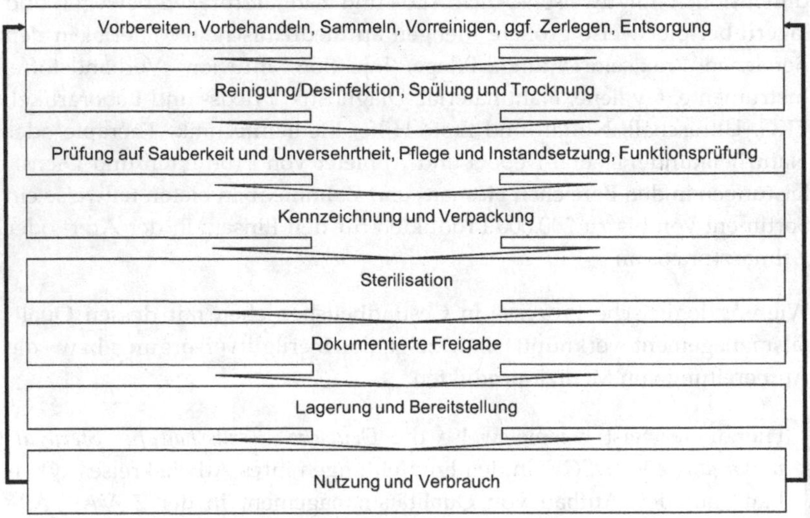

Quelle: In Anlehnung an *DSGV* (2004).

1.3 Definition und Gegenstand logistischer und qualitativer Anforderungen im Gesundheitsbetrieb

Die **Materialwirtschaft** im Gesundheitsbetrieb umfasst alle Vorgänge der Bewirtschaftung von medikamentösen, medizinischen, pharmazeutischen Heilmitteln und sonstigen Stoffen sowie medizintechnischen und sonstigen Betriebsmitteln, unabhängig davon, für welche Teilbereiche des Gesundheitsbetriebs diese durchgeführt werden. Ihre Aufgabe ist es, alle im Gesundheitsbetrieb benötigten Materialien zur Sicherstellung der Bereitschaft zur Erbringung der Behandlungs- und Pflegeleistungen zur richtigen Zeit, am richtigen Ort, in der richtigen Qualität und Menge bereitzustellen. Sie ist ein wesentlicher Bestandteil der gesamten logistischen Versorgungskette, die die Höhe der Bestände bzw. den Materialfluss planen und überwachen muss, um insbesondere durch Fragmentierung und ungenügenden Abstimmung entstehende Über- und Unterbestände, Stillstands-, Warte- und Fehlzeiten zu vermeiden.

Der Logistikbegriff hat seinen Ursprung im Transport-, Nachschub-, Unterbringungs- und Versorgungssystem des Militärs. Er wurde in den zivilen Bereich durch die amerikanische Managementwissenschaft nach dem zweiten Weltkrieg übernommen und findet seit den Siebzigerjahren auch in Deutschland Anwendung. Die **Logistik** im Gesundheitsbetrieb beschreibt heute die integrierte Planung, Durchführung und Kontrolle von Material-, Energie- und Informationsströmen in dem Gesundheitsbetrieb, zwischen seinen Patienten, Mitarbeitern, Lieferanten und zusammenarbeitenden Einrichtungen zur Erstellung von Behandlungs- und Pflegeleistungen.

Dazu hat sich die gesundheitsbetriebliche Logistik als ein Ansatz zur Kostenreduzierung durch Spezialisierung bei der Erbringung von materialwirtschaftlichen Dienstleistungen und ingenieurmäßigen Aktivitäten, wie beispielsweise der Entwicklung von Lagertechniken, fahrerlosen Transportsystemen (FTS), Materialfluss- und Kommissioniertechniken, über die Bildung funktionsbereichsübergreifender Logistikketten, hin zu einer den Gesundheitsbetrieb übergreifenden Prozessorientierung entwickelt, die

eine integrierte Planung und Steuerung der Material- und Informationsflüsse vom Lieferanten von medizinischem Verbrauchsmaterial, über die
Erbringung der Behandlungs- und Pflegeleistungen am Patienten, bis hin
zur fachgerechten Entsorgung medizinischer Abfälle darstellt. Diese Betrachtung der gesamten Wertschöpfungskette, die über die Grenzen des
Gesundheitsbetriebs hinausgeht, wird auch als **Supply Chain Management** (SCM) bezeichnet (siehe **Abbildung 1.2**).

Abbildung 1.2   Logistikansatz im Gesundheitsbetrieb.

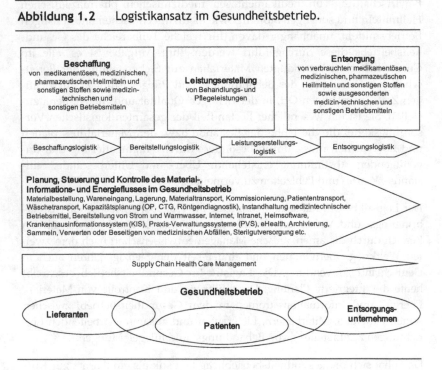

Ausgehend von der Materialwirtschaft herrscht im Gesundheitsbetrieb
üblicherweise eine funktionsorientierte Betrachtungsweise vor. Die Aufgabenbereiche der Logistik im Gesundheitsbetrieb lassen sich im Wesentlichen nach Beschaffungs-, Bereitstellungs-, Leistungserstellungs- und Entsorgungslogistik unterscheiden:

■ *Beschaffungslogistik*: Angebotseinholung, Lieferantenauswahl, Preisverhandlungen, Bestellung, Bestellüberwachung etc.

■ *Bereitstellungslogistik*: Bedarfsermittlung, Beschaffungs- und Bestellrechnung, Ermittlung der Bedarfstermine, Bedarfsauslösung, Bestandsreservierung, Eingangsprüfung, Reklamationsbearbeitung, Einlagerung, Bestandsüberwachung, Bereitstellung der eingehenden Lieferungen, innerbetrieblicher Warentransport, Patiententransport, Transportorganisation etc.

■ *Leistungserstellungslogistik*: Planung des Leistungsprogramms, Normierung und Standardisierung medizinischer Leistungen, Planung von Behandlungskapazitäten, Behandlungsterminierung, Erstellung der Behandlungs- und Pflegeleistungen, Einsatz medizintechnischer Betriebsmittel, Betriebsmittelplanung, Betriebsmittelinstandhaltung, elektronischer Informations- und Datenaustausch, behandlungsorientiertes eHealth etc.

■ *Entsorgungslogistik*: Sammeln, Verpacken, Bereitstellen, Lagern, Transportieren, Behandeln, Verwerten oder Beseitigen von Abfällen des Gesundheitsbetriebs innerhalb und außerhalb des Gesundheitsbetriebs bis zur abschließenden Verwertung oder Beseitigung etc.

In der umfassenden Betrachtungsweise der Logistik des Gesundheitsbetriebs sind somit nicht nur die innerbetrieblichen Material- und Warenflüsse zu regeln, sondern auch die Material- und Warenflüsse vom Lieferanten von medikamentösen, medizinischen, pharmazeutischen Heilmitteln und sonstigen Stoffen sowie medizintechnischen und sonstigen Betriebsmitteln zu den Orten der Erstellung der Behandlungs- und Pflegeleistungen und damit letztendlich zum Patienten sowie die Entsorgung von verbrauchten medikamentösen, medizinischen, pharmazeutischen Heilmitteln und sonstigen Stoffen sowie ausgesonderten medizintechnischen und sonstigen Betriebsmitteln.

Die gesamte Planung, Steuerung und Kontrolle des Material-, Informations- und Energieflusses von den Lieferanten zum Gesundheitsbetrieb, im Gesundheitsbetrieb und vom Gesundheitsbetrieb zur Entsorgung lässt sich als wesentliche Aufgabe des **Logistikmanagements** im Gesundheitsbetrieb sehen. Es hat die gesundheitsbetriebliche Logistik zielgerichtet und prozessorientiert zu planen und zu steuern. Sein wichtigstes Ziel ist es, jederzeit die Versorgung des Gesundheitsbetriebs und seiner Patienten mit den nötigen medizinischen Leistungen und Materialien sicherzustellen.

Der ökonomische Aspekt der Logistik im Gesundheitsbetrieb drückt sich insbesondere in einem verstärkten Trend zu Kooperationen mit Lieferanten, Entsorgern und zusammenarbeitenden Gesundheitseinrichtungen aus. Verschärfte Wettbewerbsbedingungen und nicht zuletzt die ökonomischen Rahmenbedingungen der *Gesetzlichen Krankenversicherung (GKV)* zwingen zu einer Reduzierung der eigenen Leistungstiefe und zu einer Erhöhung der Flexibilität. Dies führt dazu, dass immer mehr Partner betriebsübergreifend in die Prozesse eingebunden werden. Im Sinne eines *Supply Chain Health Care Management* wird entlang der gesamten Erstellungskette von Behandlungs- und Pflegeleistungen vom Lieferanten über den Gesundheitsbetrieb bis hin zum Patienten versucht, informatorische, organisatorische, funktionale und medizintechnische Schnittstellen zu reduzieren, um den Patientennutzen zu erhöhen. Notwendig ist dazu weniger eine lineare „Kette" als vielmehr ein Netzwerk von Partnern im Gesundheitswesen. Diese Partner steuern mit ihren eigenen Kernkompetenzen und damit mit den vom Gesundheitsbetrieb fremdbezogenen Leistungen oder Medizinprodukten den Patientennutzen, sodass sich der Gesundheitsbetrieb auf seine Kernleistungen konzentrieren und diese flexibler anbieten kann.

Geradezu dramatische Ereignisse beispielsweise in der Sterilgutversorgung und Medizinprodukteaufbereitung von Krankenhäusern zeigen immer wieder, wie wichtig das Thema Qualitätsmanagement im Gesundheitsbetrieb ist. Von der Arztpraxis bis zum Großklinikum ist ein Höchstmaß an medizinischer und pflegerischer Qualität rund um die Uhr zu gewährleisten. Die Leistungsdimension des Qualitätsmanagements im Gesundheitswesen lässt sich durch beeindruckende Zahlen erahnen: Von den mehr als 3.000.000 Mitarbeitern in den insgesamt über 200.000 Gesundheitsbetrieben trägt ein Großteil unmittelbar oder mittelbar Qualitätsverantwortung für Leib und Leben von Patienten oder Pflegebedürftigen.

Die Einführung eines **Qualitätsmanagementsystems** ist daher ein wesentliches Element eines Qualitätskonzepts und zudem ein wichtiger Schritt zur Sicherung der Wettbewerbsfähigkeit eines Gesundheitsbetriebs. Es trägt dazu bei, die Transparenz der Aufbau- und Ablauforganisation des Gesundheitsbetriebs zu erhöhen, die Sicherheit und Qualität der Behandlungsprozesse zu steigern, die Motivation der Mitarbeiter zu verbessern und das gesamte Image und damit die Patientenbindung zu optimieren.

Die Einführung eines Qualitätsmanagementsystems besteht nicht allein darin, ein Qualitätsmanagementhandbuch und Verfahrensanweisungen zu beschreiben. Auch gibt es keine allgemeingültige Vorgehensweise beim Aufbau eines derartigen Systems, weil sich jeder Gesundheitsbetrieb von anderen unterscheidet und daher sein eigenes, individuelles Qualitätsmanagementsystem braucht. Die Einrichtung eines betriebsspezifischen Qualitätsmanagementsystems muss daher anhand der Struktur, der Ziele, der Abläufe und der Größe des Gesundheitsbetriebs erfolgen. Ein funktionierendes Qualitätsmanagementsystem muss zum Gesundheitsbetrieb passen und Vorteile für alle bringen.

Ziel der **Medizinproduktqualität** im Gesundheitsbetrieb ist in erster Linie die Patientensicherheit und die Sicherheit der Behandler und anderer Personen, die mit medizinischen Materialien, Geräten und Apparaten als Medizinprodukte konfrontiert werden. Von ihr werden in erster Linie das erstmalige In-Verkehr-Bringen, das Ausstellen, das Errichten, das Anwenden und Betreiben von Medizinprodukten erfasst. Für den Gesundheitsbetrieb ist neben dem Anwenden und Betreiben von besonderer Bedeutung, dass darunter auch das Zubehör zu sehen ist, wobei das Zubehör selbst als Medizinprodukt gilt. Während sich das Arzneimittelgesetz beispielsweise in erster Linie auf pharmakologisch wirkende Produkte bezieht, stehen im Mittelpunkt des Medizinproduktegesetzes eher die physikalischen Wirkungen medizinischer Produkte.

Ein Blick auf die Ziele der Logistik macht noch einmal den engen Zusammenhang mit der Qualität der Erstellung von Behandlungs- und Pflegeleistungen im Gesundheitsbetrieb deutlich (siehe **Tabelle 1.4**).

Tabelle 1.4   Logistische und qualitative Zielbereiche.

Ziele	Zieldefinition
Leistungsqualität	Anteil der ausgeführten Behandlungs- bzw. Pflege-leistungen ohne qualitative Mängel.
Informationsbereitschaft	Fähigkeit, in allen Stadien der Behandlung aus-kunftsbereit zu sein und medizinische Informationen über unterschiedliche Medien austauschen bzw. verarbeiten zu können.
Leistungszeit	Zeitspanne von der Bedarfsfeststellung (Diagnose) bis zur vollständigen bzw. erfolgreichen Erbringung einer Behandlungsleistung (Therapie).
Termintreue	Grad der Übereinstimmung zwischem zugesagtem und tatsächlichem Behandlungstermin.
Leistungsfähigkeit	Grad der Übereinstimmung zwischen Patienten-wunschtermin und zugesagtem Behandlungstermin.
Leistungsflexibilität	Fähigkeit, auf Änderungen hinsichtlich Therapie, Patientenanforderungen, Behandlungssituation, Patientenzustand, Spezifikationen, Terminen etc. einzugehen.

Umgekehrt setzt sich ebenfalls mehr und mehr die Erkenntnis durch, dass eine Optimierung der Prozess-, Struktur-, und Ergebnisqualität im Gesundheitsbetrieb nur durch eine übergreifende Betrachtung und Opti-mierung der medizinischen Leistungsprozesse in Verbindung mit einem effektiven IT-Management sowie schlanker Planungs- und Verwaltungsab-läufe ermöglicht wird.

Die *Spreewaldklinik Lübben* des *Klinikums Dahme-Spreewald GmbH* benennt beispielsweise in den Zielen ihrer Qualitätssicherung folgende logisti-sche, betriebsübergreifende Aspekte:

- „wertschätzende und prozessorientierte Zusammenarbeit mit unseren Lieferanten und Dienstleistern",

- „effiziente Nutzung der vorhandenen Ressourcen unter Einbeziehung des wissenschaftlich-technischen Fortschritts",

- „Leistungserbringung unter Berücksichtigung ökologischer Anforderungen im Sinne der Nachhaltigkeit",

- „Vertiefung und Ausbau der integrativen Zusammenarbeit mit den einweisenden Ärzten unserer Region",

- „Zusammenarbeit mit ausgewiesenen Zentren (DMP, Brustkrebs usw.)",

- „Transfer von Wissen durch eine Kooperationsvereinbarung mit dem Unfallkrankenhaus Berlin".

2 Programmplanung von Behandlungs- und Pflegeleistungen

2.1 Überbetriebliche Gesundheitsforschung als Planungsgrundlage

Die Gestaltung medizinischer Leistungen des Gesundheitsbetriebs basiert weitestgehend auf den Erkenntnissen des Patientenmarktes und dem Entwicklungsstand in der medizinischen Forschung. Festzulegen sind unter anderem, welche Behandlungs- oder Pflegeleistungen in welcher Form und Qualität angeboten werden sollen. Sofern es sich um Leistungen handelt, die nicht im Rahmen der GKV liquidiert werden, kann der Preis ein weiteres Gestaltungsmerkmal sein.

Es ist dabei notwendig, sich ändernden Patientenwünschen und Anforderungen des Patientenmarktes durch Leistungsinnovationen und -variationen anzupassen und sich den Erkenntnissen der Gesundheitsforschung zu bedienen.

Die **Gesundheitsforschung** wird in der Regel nicht von einzelnen Gesundheitsbetrieben zum Zwecke der Entwicklung neuer Leistungsangebote durchgeführt, sondern durch eine Vielzahl von Einrichtungen, die beispielsweise unterstützt werden von der

- *Deutschen Forschungsgemeinschaft (DFG), Bonn,*

- *Max-Planck-Gesellschaft (MPG), München,*

- *Fraunhofer-Gesellschaft (FhG), München,*

- *Helmholtz-Gemeinschaft (HGF), Bonn,*

- *Wissenschaftsgemeinschaft Gottfried Wilhelm Leibniz (WGL), Bonn.*

Sie bilden und fördern zusammen mit Stiftungen, Pharmaunternehmen, dem Bund, den Ländern mit ihren Universitäten und vielen anderen mehr die deutsche Forschungslandschaft (siehe **Tabelle 2.1**).

Tabelle 2.1 Ausgewählte Einrichtungen der Gesundheitsforschung in Deutschland.

Bereich	Einrichtung
Max-Planck-Gesellschaft (MPG)	Max-Planck-Institute für Biochemie, Martinsried, Biologie, Tübingen, biologische Kybernetik, Tübingen, Biophysik, Frankfurt/Main, biophysikalische Chemie (Karl-Friedrich-Bonhoeffer-Institut), Göttingen, Entwicklungsbiologie, Tübingen, experimentelle Endokrinologie, Hannover, experimentelle Medizin, Göttingen, Hirnforschung, Frankfurt/Main, Immunbiologie, Freiburg, Infektionsbiologie, Berlin, medizinische Forschung, Heidelberg, molekulare Genetik, Berlin, molekulare Physiologie, Dortmund, molekulare Zellbiologie und Genetik, Dresden, Neurobiologie, Martinsried, neurologische Forschung, Köln, Kognitions- und Neurowissenschaften, Leipzig, Psychiatrie, München, vaskuläre Biologie (im Aufbau) derzeit: Zentrum für Molekularbiologie der Entzündung (ZMBE), Münster, physiologische und klinische Forschung, W.G. Kerckhoff-Institut, Nauheim, Teilinstitut München des Max-Planck-Instituts für Kognitions- und Neurowissenschaften, Friedrich-Miescher-Laboratorium für biologische Arbeitsgruppen in der Max-Planck-Gesellschaft, Tübingen, Arbeitsgruppen für strukturelle Molekularbiologie der Max-Planck-Gesellschaft am DESY, Hamburg
Fraunhofer-Gesellschaft (FhG)	Fraunhofer-Institute für Biomedizinische Technik, St. Ingbert, Zelltherapie und Immunologie IZI, Leipzig, Grenzflächen- und Bioverfahrenstechnik, Stuttgart, Biomedizinische Technik IBMT, Berlin, Molekularbiologie und Angewandte Ökologie, Schmallenberg-Grafschaft, Toxikologie und Experimentelle Medizin ITEM, Hannover, Umweltchemie und Ökotoxikologie, Schmallenberg-Grafschaft

Bereich	Einrichtung
Helmholtz-Gemeinschaft (HGF)	Deutsches Krebsforschungszentrum (DKFZ), Heidelberg, Helmholtz-Zentrum für Infektionsforschung GmbH (HZI), Braunschweig, GSF-Forschungszentrum für Umwelt und Gesundheit GmbH, Neuherberg, Max-Delbrück-Centrum für Molekulare Medizin (MDC), Berlin, Forschungszentrum Jülich (FZJ), Forschungszentrum Karlsruhe (FZK)
Wissenschaftsgemeinschaft Gottfried Wilhelm Leibniz e. V. (WGL)	Deutsche Forschungsanstalt für Lebensmittelchemie, Garching, Leibniz-Institut für Molekulare Pharmakologie (FMP), Berlin, Deutsches Institut für Ernährungsforschung, Potsdam-Rehbrücke, Bernhard-Nocht-Institut für Tropenmedizin, Hamburg, Heinrich-Pette-Institut für Experimentelle Virologie und Immunologie an der Universität Hamburg, Forschungsinstitut für die Biologie landwirtschaftlicher Nutztiere, Dummerstorf, Deutsches Primatenzentrum, Göttingen, Deutsches Diabetes Zentrum an der Heinrich-Heine-Universität Düsseldorf, Deutsche Zentralbibliothek für Medizin, Köln, Institut für Arbeitsphysiologie an der Universität Dortmund, Leibniz-Institut für Arterioskleroseforschung (LIFA) an der Universität Münster, Zentrum für Psychologische Information und Dokumentation (ZPID), an der Universität Trier, Forschungszentrum Dresden-Rossendorf e.V. (FZD), Leibniz-Institut für Neurobiologie, Magdeburg, Forschungszentrum Borstel, Leibniz-Zentrum für Medizin und Biowissenschaften, Leibniz-Institut für Altersforschung Fritz-Lipmann-Institut e.V., Jena, Leibniz-Institut für Naturstoff-Forschung und Infektionsbiologie e.V. (HKI)

Bereich	Einrichtung
Universitäre Einrich- tungen	RWT-Hochschule Aachen, Charité - Universitätsmedizin Berlin, Ruhr-Universität Bochum, Rheinische Friedrich-Wilhelms- Universität Bonn, Technische Universität Dresden, Heinrich- Heine-Universität Düsseldorf, Universität Duisburg-Essen, Fried- rich-Alexander-Universität Erlangen-Nürnberg, Johann Wolfgang Goethe-Universität Frankfurt, Albert-Ludwigs-Universität Freiburg, Justus-Liebig-Universität Gießen, Georg-August-Universität Göt- tingen, Ernst-Moritz-Arndt-Universität Greifswald, Martin-Luther- Universität Halle-Wittenberg, Universität Hamburg, Medizinische Hochschule Hannover, Ruprecht-Karls-Universität Heidelberg, Ruprecht-Karls-Universität Heidelberg (Fakultät für Klinische Medizin Mannheim), Friedrich-Schiller-Universität Jena, Christian- Albrechts-Universität zu Kiel, Universität zu Köln, Universität Leipzig, Medizinische Universität zu Lübeck, Otto-von-Guericke- Universität Magdeburg, Johannes-Gutenberg-Universität Mainz, Philipps-Universität Marburg, Technische Universität München, Ludwig-Maximilians-Universität München, Westfälische Wilhelms- Universität Münster, Universität Regensburg, Universität Regens- burg, (Naturwissenschaftliche Fakultät III Biologie und Vorklini- sche Medizin), Universität Rostock, Universität des Saarlandes, Eberhard-Karls-Universität Tübingen, Universität Ulm, Bayerische Julius-Maximilians-Universität Würzburg, Universität Witten- Herdecke, Universität Witten-Herdecke, (Fakultät für Zahn-, Mund- und Kieferheilkunde)

Quelle: Bundesministerium für Bildung und Forschung (BMBF) – Gesundheitsforschung –

Gerade die wissenschaftlichen Erkenntnisse der letzten Jahre in den molekularen Lebenswissenschaften haben neue, innovative Therapieansätze ermöglicht, die ein großes Potenzial für eine rationale Behandlung auf der Basis der zugrunde liegenden biologischen Mechanismen versprechen. Derartige Therapieverfahren grenzen sich weitestgehend von etablierten

Verfahren ab, bei denen beispielsweise strahlentherapeutische, pharmakologische oder chirurgische Methoden angewendet werden. Auf zellulärer und molekularer Basis lassen sich bislang unerschlossene Krankheitsprozesse entschlüsseln. Darüber hinaus werden neuartige Therapieverfahren ermöglicht, die beispielsweise auf biotechnologisch gewonnenen Nukleinsäuren oder Proteinen aufbauen. Gleichzeitig werden durch die spezifischere Wirkungsweise dieser Therapieansätze Bestrebungen unterstützt, nebenwirkungsärmere Behandlungsmethoden zu entwickeln.

Neuentwickelte medizinische Behandlungsverfahren können somit auf einer Vielzahl von Forschungsschwerpunkten der überbetrieblichen Gesundheitsforschung aufbauen (siehe **Tabelle 2.2**).

Tabelle 2.2 Ausgewählte Forschungsfelder der Gesundheitsforschung in Deutschland.

Forschungsgebiet	Forschungsgegenstand
Regenerative Medizin	Zellbasierte, regenerative Medizin; biologischer Ersatz von Organfunktionen
Genomforschung	Rolle und den Beitrag genetischer Faktoren zu Gesundheit und Krankheit; Einfluss von Umweltfaktoren bei der Krankheitsentstehung Struktur und Rolle der Proteine (Proteomik), des Stoffwechsels (Metabolomik) und regulatorischer Systemkomponenten im Hinblick auf die molekularen Grundlagen von normalen und pathologisch veränderten Funktionen der Zellen und Organe
Gentherapie	Gentransfer in menschliche Zellen; Etablierung krankheitsspezifischer Tiermodelle

Forschungsgebiet	Forschungsgegenstand
Ernährungsmedizin	Psychotherapeutische Therapieverfahren von Essstörungen; Diabetes mellitus, Typ 1 und Typ 2 sowie die mit Diabetes verbundenen Folgeerkrankungen (Retinopathien, Nephropathien, Neuropathien und Schädigungen im kardiovaskulären Bereich); Entstehung und Prävention der Adipositas; primärpräventive Interventionen gegen Essstörungen; Rolle von Nahrungsbestandteilen in der Genese von Darmkrankheiten und Möglichkeiten der Prävention durch die Ernährung; Nahrungsfette und Stoffwechsel-Genvariabilität, -regulation, -funktion und funktionelle Lebensmittelinhaltsstoffe; Identifizierung von Genen, die zu Adipositas prädisponieren und deren Validierung in epidemiologischer, funktioneller, klinischer und therapeutischer Hinsicht
Herz-Kreislauf-Medizin	Identifikation und Charakterisierung genetischer Varianten, die mit der Entstehung der Arteriosklerose in Verbindung stehen; Charakterisierung und Identifizierung von Risikogenen für Herzversagen; Diagnose und Therapie des Herzversagens bzw. Prävention kardiovaskulärer Erkrankungen bei chronischer Niereninsuffizienz
Infektionsmedizin	Neue Möglichkeiten für die Prävention und Therapie von Grippe-Infektionen; neue Therapiestrategien unter Ausnutzung von Komponenten der natürlichen Resistenz
Kinder- und Jugendmedizin	Präzise Diagnostik und maßgeschneiderte, individualisierten Therapie für Patienten mit Neuroblastom; Entwicklung neuer Präventionsstrategien sowie besserer Behandlungsmethoden bei akuten Atemwegsinfektionen bei Kindern wie Bronchitis oder Lungenentzündung

Forschungsgebiet	Forschungsgegenstand
Krebsmedizin	Stimulation der körpereigenen Immunabwehr gegenüber bösartig veränderten Zellen; Entwicklung und Verbesserung molekularbiologischer und spezifischer anderer methodisch-technischer Ansätze; Effekte von genetischen Mutationen auf die Entstehung und das Wachstum von Tumoren
Neurologische und psychatrische Medizin	Neurodegeneration (u. a. Alzheimersche Krankheit, Parkinson-Krankheit), Epilepsie und Migräne, Alkoholabhängigkeit, Schizophrenie und affektive Störungen, sowie geistige Behinderung: Suche nach krankheitsassoziierten Genvarianten (zum Beispieldurch Verfahren der Genotypisierung) und Analyse in vielfältigen experimentellen Ansätzen die Funktion der identifizierten Gene und ihrer Genprodukte in Bezug auf die klinischen Situationen In den zu untersuchen den Krankheiten; Verbesserung der schmerztherapeutischen Versorgung
Langzeitmedizin	Kausalanalytische Fragen zur Ätiopathogenese, Fragen zur Beurteilung längerfristiger Verläufe von Krankheiten, zu Chronifizierungsprozessen und den Determinanten von Versorgungs- und Behandlungsverläufen
Pflegemedizin	Fundierte, evidenzbasierte Wissensgrundlage für angemessenes pflegerisches Handeln

Quelle: Bundesministerium für Bildung und Forschung (BMBF) – Gesundheitsforschung –

Ziel der Gestaltung medizinischer Leistungen des Gesundheitsbetriebs ist es somit, auf der Grundlage der Erforschung der Ursachen und Entstehungsprozesse von Krankheiten, die Krankheitssymptome durch eine effektive Diagnostik und Therapie zu bekämpfen: Es geht in diesem Zusammenhang um den Schutz der Bevölkerung, um Krankheitsvermeidung und die Wiederherstellung der Gesundheit.

2.2   Normen und Standards bei der medizinischen Leistungserststellung

Mit Normierung und Standardisierung bei der medizinischen Leistungs-erststellung im Gesundheitsbetrieb wird versucht, Beiträge zur Qualitäts-verbesserung von Behandlungen, Erhöhung der Patientensicherheit, Ver-ringerung von Über- und Unterversorgung im Gesundheitssystem und zur Gesundheitsökonomie zu leisten. Unter **Standardisierung** wird dabei die Vereinheitlichung von medizinischen Begriffen, Bezeichnungen, Behand-lungsverfahren etc. verstanden. Als **Normierung** wird dabei die Verein-heitlichung von einzelnen Medizinprodukten, vonTeilen davon oder von bestimmten Vorgehensweisen bezeichnet.

Der Weg einer Vereinheitlichung ist in der Medizin nicht unumstritten. Einerseits ist die Setzung von Standards oder Normen ein Ausdruck der medizinischen Selbstregulierungskompetenz aufgrund der besonderen Sach- und Fachkunde des freien ärztlichen Berufs. Dieser beinhaltet neben der Therapiefreiheit auch die allgemeine berufliche Handlungsfreiheit. Das Handeln hat sich am Allgemeinwohl und am Wohlergehen des Individu-ums zu orientieren und steht unter staatlicher Aufsicht. So gesehen kann davon ausgegangen werden, dass medizinische Normen und Standards grundsätzlich guter ärztlicher Behandlung entsprechen. Andererseits wird häufig die Auffassung vertreten, dass die Anwendung medizinischer Standards die ärztliche Therapiefreiheit einschränkt und den Arzt in eine Rolle als „Normvollzieher" drängen. Auch ist zu beachten, dass die Stan-dardisierung für eine individuelle, qualitativ hochwertige Patienteninfor-mation über die Erkrankung, ihre Behandlung und mögliche Alternativen genügend Raum lassen muss. Ferner stellt sich rechtlich und medizinisch die Frage nach der Berücksichtigung individueller Behandlungs- und Sicherheitserwartungen der Patienten.

Dennoch gibt es eine Vielzahl von Standards und Normen im medizini-schen Bereich, die insgesamt bei der medizinischen Leistungserststellung im Gesundheitsbetrieb zu berücksichtigen sind.

Der *Normenausschuss Medizin (NAMed)* im *Deutschen Institut für Normung e. V. (DIN)*, Berlin, ist zuständig für die nationale Normung auf den Gebieten Medizinprodukte, Transfusion, Infusion, Injektion, Laboratoriumsmedizin und klinische Chemie, Sterilisation, Desinfektion, Sterilgutversorgung, medizinische Mikrobiologie und Immunologie, technische Hilfen für Behinderte und medizinische Informatik. Er vertritt auch die nationalen Normierungsinteressen gegenüber internationalen Organisationen wie der *Internationalen Organisation für Normung (International Organization for Standardization, ISO)*, Genf, oder der *Internationalen Elektrotechnischen Kommission (International Electrotechnical Commission, IEC)*, Genf.

Die Vorgaben des *NAMed* umfassen beispielsweise von der Hämostaseologie- Bestimmung der Faktor VII-Gerinnungsaktivität (FVIIC) Teil 1: Referenzmessverfahren für die Einstufenmethode (*DIN 58901-1*) bis hin zum Leitfaden für die Entwicklung und Aufnahme von Sicherheitsaspekten in internationalen Normen bei Medizinprodukten (*ISO/IEC Guide 63*) ca. 950 gültige Normen.

Die Zuständigkeit des Normenausschusses Rettungsdienst und Krankenhaus (NARK) liegt auf den Gebieten rettungsdienstliche Systeme, Krankenhaus und Medizintechnik. Er befasst sich auch mit der Normung von Begriffen, grafischen Symbolen (Bildzeichen), Modul- und Organisationssystemen sowie Wand- und Geräteschutz im Krankenhaus. Zum weiteren Aufgabenbereich des NARK gehört die Medizintechnik, mit Schwerpunkten insbesondere bei der Normung von Trachealtuben, Anästhesie- und Beatmungsgeräten, Laryngoskope, zentralen Gasversorgungsanlagen, und Druckkammern für hyperbare Therapie.

Neben den medizinischen Normen tragen auch medizinische Richtlinien, Leitlinien und Empfehlungen zu einer Standardisierung bei. Sie lassen sich nach Angaben der *Bundesärztekammer* folgendermaßen voneinander abgrenzen:

„**Richtlinien** sind meist von Institutionen veröffentlichte Regeln des Handelns und Unterlassens, die dem einzelnen Arzt einen geringen Ermessensspielraum einräumen. Ihre Nichtbeachtung kann Sanktionen nach sich ziehen. Eine ähnliche Verbindlichkeit wie Richtlinien haben Standards, die als normative Vorgaben bezüglich der Erfüllung von

Qualitätsanforderungen verstanden werden und durch ihre in der Regel exakte Beschreibung einen mehr technisch-imperativen Charakter haben.

Demgegenüber sind **Leitlinien** systematisch entwickelte Entscheidungshilfen über angemessene Vorgehensweisen bei speziellen diagnostischen und therapeutischen Problemstellungen. Sie lassen dem Arzt einen Entscheidungsspielraum und „Handlungskorridore", von denen in begründeten Einzelfällen auch abgewichen werden kann.

Empfehlungen und Stellungnahmen wollen die Aufmerksamkeit der Ärzteschaft und der Öffentlichkeit auf änderungsbedürftige und beachtenswerte Sachverhalte lenken. Ein Memorandum dient mit seinem Inhalt der umfassenden Information und Aufklärung. Seine Inhalte sollen für die Urteilsbildung des Arztes über den aktuellen Stand des Wissens gegebenenfalls auch über veraltetes Wissen von Nutzen sein."

Richtlinien sind somit Handlungsvorschriften mit bindendem Charakter, auch wenn sie keine Gesetzeseigenschaften aufweisen. Die Organisation, die sie herausgibt, ist allerdings in der Regel gesetzlich ermächtigt und kann daher über den Geltungsbereich von Richtlinien verfügen.

So bestimmt beispielsweise der *Gemeinsame Bundesausschuss (GBA)* als oberstes Beschlussgremium der gemeinsamen Selbstverwaltung der Ärzte, Zahnärzte, Psychotherapeuten, Krankenhäuser und Krankenkassen in Deutschland in Form von Richtlinien den Leistungskatalog der *Gesetzlichen Krankenversicherung (GKV)*. Er legt damit fest, welche Leistungen der medizinischen Versorgung von der *GKV* erstattet werden und beschließt Maßnahmen der Qualitätssicherung für den ambulanten und stationären Bereich des Gesundheitswesens.

Bei Leitlinien handelt es sich um nicht bindende, systematisch entwickelte Handlungsempfehlungen. Sie geben den fachlichen Entwicklungsstand wieder und leisten Orientierung im Sinne von Entscheidungs- und Handlungsoptionen. Sie müssen an den Einzelfall angepasst werden, was bei der fallspezifischen Betrachtung einen Ermessensspielraum des Behandlers sowie die Einbeziehung der Präferenzen der Patienten in die Entscheidungsfindung ermöglicht. Die Leitlinien sollen Ärzte, Angehörige anderer Gesundheitsberufe und Patienten bei ihren Entscheidungen über die richtige Gesundheitsversorgung für spezifischen, klinischen Umstände unterstützen. In der Regel unterliegen sie einem transparenten Entwicklungsprozess, sind wissenschaftlich fundiert und praxisorientiert.

Hinsichtlich der Herkunft, Adressaten und der Inhalte lassen sich die Leitlinien beispielsweise unterscheiden in

- ■ *Internationale Leitlinien*: internationale Empfehlungen beispielsweise nach der Leitlinien-Datenbank des *Guidelines International Network (GIN)*, einer weltweiten Vereinigung medizinischen Organisationen, Ärzten und Wissenschaftlern mit dem Ziel, internationaler Entwicklung und Verbreitung medizinischer Leitlinien auf der Grundlage evidenzbasierter Medizin.

- ■ *Nationale Versorgungsleitlinien (NVL)*: Empfehlungen beispielsweise des *Ärztlichen Zentrums für Qualität in der Medizin (ÄZQ)* für die strukturierte medizinische Versorgung, wie in Form von *Disease-Management-Programmen (DMP)* als systematische Behandlungsprogramme für chronisch kranke Menschen.

- ■ *Medizinische Leitlinien*: Vorgaben unter anderem für Ärzte, Zahnärzte.

- ■ *Patientenleitlinien*: Fachinformationen für Patienten,

- ■ *Expertenstandards*: leitlinienähnliche Pflegestandards in der Krankenpflege und Altenhilfe, beispielsweise nach den Empfehlungen des *Deutsches Netzwerks für Qualitätsentwicklung in der Pflege (DNQP)*, Osnabrück.

Die *Arbeitsgemeinschaft der Wissenschaftlichen Medizinischen Fachgesellschaften (AWMF)*, Düsseldorf, ist der deutsche Dachverband von mehr als 150 wissenschaftlichen Fachgesellschaften aus allen medizinischen Gebieten. Er koordiniert die Entwicklung von Leitlinien nach folgenden Qualitätsstufen:

- ■ S1: informelles Konsensverfahren,

- ■ S2: formelles Konsensverfahren oder Evidenzrecherchen,

> ■ S3: alle Elementen einer systematischen Entwicklung (beispielswei-
> se Bewertung der klinischen Relevanz wissenschaftlicher Studien
> etc.).

2.3 Ausgestaltung des Leistungsprogramms

Die Ausgestaltung des Leistungsprogramms umfasst die art- und men-
genmäßige Festlegung der vom Gesundheitsbetrieb zu erstellenden Leistungen.

Bei der **Leistungsdiversifikation** (Leistungsbreite) ist die Anzahl der verschiedenen Leistungsarten, die erbracht werden sollen, zu bestimmen. Man
unterscheidet dabei üblicherweise:

■ *Horizontale Diversifikation*: Behandlungs- und Pflegeleistungen stehen in
einem sachlichen Zusammenhang.

■ *Vertikale Diversifikation*: Vor- oder nachgelagerte Behandlungs- und
Pflegeleistungen.

■ *Laterale Diversifikation*: Kein sachlicher Zusammenhang zwischen Be-
handlungs- und Pflegeleistungen.

Grundlage sind dafür die festgelegten **Leistungsfelder**, auf dem sich der
Gesundheitsbetrieb betätigt und die eine gedankliche Einheit von verwandten oder ähnlichen medizinischen Leistungen darstellen.

> Ein Sportmediziner bietet in seiner Praxis die Behandlung von Sportver-
> letzungen, Sportschäden, allgemein Check-ups, Leistungsdiagnostik,
> Tauglichkeitsbescheinigungen etc. an (Horizontale Diversifikation). Für
> Taucher bietet er im Anschluss an eine Leistungsdiagnostik die Tauch-
> Tauglichkeitsbescheinigung an (vertikale Diversifikation). Daneben hält
> er allgemeine Vorträge zum Thema „Orthopädie" (laterale Diversifikati-
> on).

Die **Leistungstiefe** gibt Umfang, Vollständigkeit und Komplexitätsgrad
der einzelnen Leistungsart, die erbracht werden soll, an.

Ein Zahnmediziner bietet in seiner Praxis zusätzlich kieferorthopädische Leistungen an oder überweist an einen Kieferorthopäden. Ein Allgemeinarzt bietet selbst diagnostische Leistungen mit bildgebenden Verfahren an oder überweist an eine spezialisierte Diagnosepraxis bzw. -klinik.

Art und Umfang des Leistungsprogramms richten sich im Wesentlichen nach der allgemeinen Versorgungssituation, der Aufnahmefähigkeit des Patientenmarktes, den Kapazitäten, die für die Leistungserstellung zur Verfügung stehen, den benötigten Qualifikationen sowie nach der Beschaffungssituation für das notwendige medizinische Personal und die medizintechnische Ausstattung (siehe **Tabelle 2.3**).

Tabelle 2.3   Leistungsprogrammbeispiele von Gesundheitsbetrieben.

Betrieb	Leistungsprogramme
Arztpraxis Innere Medzin und Allgemeinmedizin	Gesundheitsuntersuchung (Check up), Früherkennungsuntersuchung auf Krebs, Kindervorsorgeuntersuchungen (U-Untersuchungen), Jugendgesundheits-, Jugendarbeitsschutzuntersuchung, Schmerztherapie, therapeutische Lokalanästhesie, Ultraschalluntersuchung des Bauches, der Schilddrüse, Langzeit-Blutdruck-Messung, Diätberatung, Beratung bei Suchtproblemen, Ruhe-, Langzeit-, Belastungs-EKG, Desensibilisierung bei Allergien, Mikrowellenbehandlung, Infusionstherapie, Reiseberatung, ggf. mit Reiseimpfungen, Immuntherapeutische/ homöopathische Maßnahmen, Tauglichkeitsuntersuchungen (zum Beispiel für Führerschein, Tauchsport und andere Sportarten), Betreuung von Patienten in Pflege-und Altenheimen, präoperative Diagnostik, Hausbesuche

Betrieb	Leistungsprogramme
Zahnarztpraxis	Ästhetische Zahnheilkunde: Bleaching, Veneers; Zahnrestauration: Kunststofffüllungstherapie, Gold- oder Vollkeramik-Inlays, Amalgansanierung, Kunststoff- und Komposit-Füllungen; Zahnersatz: Kronen, Brücken, Teil- und Vollprothetik, implantat-getragene hochwertige Prothetik, metallfreie Kronen, Brücken; Implantologie; Prophylaxe: Professionelle Zahnreinigung, Air Flow, schmerzfreie Zahnbelagentfernung mit Pulverstrahl; Endodontie; Funktionsdiagnostik und Therapie; Zahnschmuck
Nervenklinik	Persönlichkeitsstörungen, Depressionen, Psychosen, bipolare Störungen, Angststörungen, Zwangsstörungen, Anpassungsstörungen, somatoforme Störungen, psychischen Störungen im höheren Lebensalter, Suchterkrankungen, Schlafstörungen
Orthopädische Klinik	Unfall-, Hand- und Wiederherstellungschirurgie, spezielle Orthopädie und orthopädische Chirurgie, Hüftgelenksoperation mit künstlichem Gelenk, Kniegelenksoperation mit künstlichem Kniegelenk, Schmerztherapie, Rheumaorthopädie, Rheumatologische Tagesklinik, Erkrankung peripherer Nerven/Muskeln, Fußchirurgie, Kniegelenksoperation bei Bandverletzungen, Schulteroperation mit künstlichem Gelenk, Wirbelsäulenorthopädie, Anästhesiologie und Intensivmedizin
Pflegeeinrichtung	Grundpflege: Hilfe bei der Körperpflege, im Bereich der Ernährung, der Mobilität; Behandlungspflege: Wundversorgung, Verabreichung von Arzneimitteln, Überwachung der Arzneimitteleinnahme, Blutdruck- und Blutzuckerkontrollen, Injektionen i. m. und s. c., Katheterwechsel und -versorgung, Überwachung von Infusionstherapien, Antithrombosestrümpfe

3 Beschaffungslogistik

3.1 Beschaffungsmarktforschung für Behandlungs- und Pflegebedarfe

Bei der **Beschaffung** für den Gesundheitsbetrieb geht es um die Verfügbarmachung aller für die Erstellung der Behandlungs- und Pflegeleistungen benötigten Objekte und Dienstleistungen, wie beispielsweise

- medizintechnische Betriebsmittel,

- Verbrauchsmaterialien für Behandlung und Pflege,

- Betriebsstoffe (Energie, Heizöl, Gas etc.),

- Arbeitskräfte für den Gesundheitsbetrieb,

- Dienstleistungen (Reinigung, Verpflegung, Wartung etc.),

- Rechte (Patente, Lizenzen etc.),

- Finanzmittel,

- Immobilien,

- externe Informationen.

Für die Beschaffung bestimmter Einsatzfaktoren wie Arbeitskräfte oder Finanzmittel sind aufgrund der speziellen Anforderungen und Marktgegebenheiten in der Regel eigenständige Bereiche des Gesundheitsbetriebs außerhalb der Logistik zuständig (Personalabteilung, Finanzabteilung etc.).

Die **Beschaffungsmarktforschung** für Behandlungs- und Pflegebedarf ist ein Teilgebiet der allgemeinen Marktforschung, wird oft auch Beschaffungsmarketing bezeichnet und stellt die Sammlung und Aufbereitung von Informationen aktueller und potenzieller Beschaffungsmärkte dar, um deren Transparenz zu erhöhen und beschaffungsrelevante Entwicklungen zu erkennen. Dazu ermittelt sie systematisch die Lieferstruktur für medizinische Bedarfe, Pflegeheim-, Krankenhaus- und Ärztebedarfe hinsichtlich aller relevanten Merkmale wie Sortiment, Lieferzuverlässigkeit, Preise oder Lieferkonditionen. Ihr Ziel ist es, Markttransparenz der medizinischen Beschaffungsmärkte hinsichtlich Preis-, Qualitäts- und Kostenniveau zu schaffen, neue Beschaffungsquellen für Pflegeheim-, Krankenhaus- und Ärztebedarfe zu erschließen, Substitutionsgüter als medizinisch bzw. pflegerisch mögliche Verwendungsalternative zu ermitteln, zukünftige Marktentwicklungen der medizinischen Beschaffungsmärkte zu erkennen sowie die eine optimale Versorgung des Gesundheitsbetriebs dauerhaft sicherzustellen (siehe **Tabelle 3.1**).

Tabelle 3.1 Aufgabenbereiche der Beschaffungsmarktforschung im Gesundheitsbetrieb.

Aufgabenbereich	Aufgabe
Marktanalyse	Marktbeschaffenheit und -bewegungen der medizinischen Beschaffungsmärkte ermitteln.
Wertanalyse	Kosten beispielsweise für medizintechnische Betriebsmittel, Verbrauchsmaterialien für Behandlung und Pflege, externe Dienstleistungen ermitteln.
Kostenanalyse	Kostenstrukturen vergleichbarer medizintechnischer Betriebsmittel, Verbrauchsmaterialien für Behandlung und Pflege, externe Dienstleistungen überprüfen.
Preisanalyse	Preisentwicklung auf den Beschaffungsmärkten für medizinische Bedarfe, Pflegeheim-, Krankenhaus- und Ärztebedarfe überwachen.
Make-or-buy-Analyse	Eigenerstellungs- und Fremdbezugskosten vergleichen und Make-or-buy-Entscheidung treffen.

Man unterscheidet in der Regel die *kontinuierliche* Beschaffungsmarktforschung, die einen permanenten Prozess der Kontrolle von Mengen-, Preis- und Qualitätsentwicklungen auf den relevanten Märkten bei der Beschaffung von medizinische Bedarfen, Pflegeheim-, Krankenhaus- und Ärztebedarfen darstellt, sowie die *diskontinuierliche* Beschaffungsmarktforschung, die bei Einzelbeschaffungen durchgeführt wird.

> Eine *kontinuierliche* Beschaffungsmarktforschung findet beispielsweise bei der häufig wiederkehrenden Beschaffung von medizinischen Verbrauchsmaterialien für Behandlung und Pflege statt. Die *diskontinuierliche* Beschaffungsmarktforschung wird bei der einmaligen Beschaffung hochwertiger medizintechnischer Betriebsmittel, beispielsweise für die bildgebende Diagnostik, angewendet.

Zu den wesentlichen *Informationsquellen* der Beschaffungsmarktforschung zählen insbesondere Online-Datenbanken, Kataloge, Fachzeitschriften, Messebesuche und vieles andere mehr (siehe **Tabelle 3.2**).

Tabelle 3.2 Auswahl internationaler Fachmessen für medizinische Produkte.

Name	Thema	Ort
P-MEC South America	Internationale Messe für Pharmazie, medizinische Geräte und Zubehör	Sao Paulo, Brasilien
ExpoMedical	Internationale Ausstellung für das Gesundheitswesen	Buenos Aires, Argentinien
CHINA-HOSPEQ	Internationale Medizinausstellung	Peking, China
HAI	Hauptstadtkongress der DGAI für Anästhesiologie und Intensivtherapie mit Pflegesymposium	Berlin, Deutschland
Medicine	Medizinfachmesse	Minsk, Weißrussland
Dow University Health Expo	Fachmesse für Medizin und Gesundheit	Karachi, Pakistan

Name	Thema	Ort
P-MEC Europe	Internationale Messe für Pharmazie, medizinische Geräte und Zubehör	Madrid, Spanien
PUBLIC HEALTH	Internationale Medizinfachmesse	Kiew, Ukraine
Pragodent	Internationale Messe der Dentalmedizin	Prag, Tschechische Republik
Intersana	Internationale Gesundheitsmesse	Augsburg, Deutschland
MEDIPHAR TAIPEI	Internationale Ausstellung für Medizin und Gesundheitswesen	Taipeh, Taiwan
Gesundheitsmesse	Messe für Gesundheit, Wellness, Lifestyle und häusliche Pflege	Saarbrücken, Deutschland
GPCE	Ausstellung und Konferenz für Allgemeinmedizin	Melbourne, Australien
Terveys & Hyvä olo	Internationale Gesundheitsmesse	Helsinki, Finnland
Pri-Med Mid Atlantic	Konferenz und Ausstellung für medizinische Grundversorgung	Baltimore, USA
ZDRAVOOCHRANENIJE	Internationale Fachausstellung für Gesundheitswesen, Medizintechnik und Arzneimittel	Moskau, Russland
Health Asia	Gesundheitsfachmesse	Karachi, Pakistan
CAM	Fachmesse für komplementäre und alternative Medizin	Düsseldorf, Deutschland

3.2 Make-or-buy-Analyse im Gesundheitsbetrieb

Mit der **Make-or-buy-Analyse** muss eine Entscheidung darüber herbeigeführt werden, ob eine Eigenerstellung oder ein Fremdbezug für den Gesundheitsbetrieb günstiger erscheint. In der Regel kommt diese Entscheidung weniger für medizintechnische Betriebsmittel oder für Verbrauchsmaterialien für Behandlung und Pflege zum Tragen, es sei denn, es handelt sich um medizinische Neuerungen oder beispielsweise therapeutische Eigenentwicklungen, die auf dem Markt noch gar nicht verfügbar sind. Typische Make-or-buy Entscheidungen sind häufig bei nachgeordneten Prozessen zu treffen, etwa bei Reinigung, Hygiene, Wäscherei, Verpflegung, Wartung, Fahr- und Hausmeisterdienste etc.

Generell ist eine Tendenz zur Reduktion der Eigenerstellung und der Leistungstiefe zu verzeichnen, um sich auf die Kernprozesse des Gesundheitsbetriebs zu konzentrieren. In ihnen hat der Gesundheitsbetrieb aufgrund der damit verbundenen Spezialisierung mitunter komparative Kostenvorteile, wodurch sich die Wettbewerbsfähigkeit steigern lässt. Die Make-or-buy-Entscheidung ist auf Basis quantitativer und qualitativer Kriterien zu treffen (siehe **Tabelle 3.3**).

Tabelle 3.3 Kriterienbeispiele für eine Make-or-buy-Entscheidung.

Kriterien	Ausprägungen
Abhängigkeit	Hinsichtlich der Lieferfähigkeit, -flexibilität und -qualität besteht eine Abhängigkeit vom Lieferanten insbesondere von Verbrauchsmaterialien für Behandlung und Pflege, die durch Nutzung mehrerer Lieferanten oder höhere Lagerbestände ausgeglichen werden kann.
Abstimmungsaufwand	Mit zunehmender Lieferantenzahl steigt auch der Abstimmungsaufwand.

Kriterien	Ausprägungen
Investitionsbedarf	Fremdbezug bietet die Möglichkeit für Erhöhung des Leistungsvolumens des Gesundheitsbetriebs auch ohne die ansonsten erforderlichen Investitionen, insbesondere in raschen Wachstumsphasen, bei angespannter Finanzlage oder bei unsicheren Zukunftschancen für bestimmte Behandlungs- und Pflegeleistungen; das Investitionsrisiko wird auf den Lieferanten verlagert.
Kapazitätsauslastung	Auslastungsschwankungen der Behandlungs- und Pflegekapazitäten und die damit verbundene schwankende Nachfrage werden auf den Lieferanten verlagert.
Kostendegression	Nutzung der Kostenvorteile eines spezialisierten Herstellers für medizintechnische Betriebsmittel bzw. Verbrauchsmaterialien für Behandlung und Pflege.
Leistungsqualität	Höhere Qualität des Lieferanten aufgrund seiner Spezialisierung auf medizinische Bedarfe, Pflegeheim-, Krankenhaus- und Ärztebedarfe.
Veralterung	Die Gefahr der medizintechnischen Veralterung wird auf den Lieferanten verlagert.

Ein Fremdbezug von externen Dienstleistungen, medizintechnischen Betriebsmitteln bzw. Verbrauchsmaterialien für Behandlung und Pflege ist in der Regel immer dann günstiger, wenn die Kosten des Fremdbezugs mittel- und langfristig auch nach Ausschöpfen von Rationalisierungsreserven niedriger sind, als bei Eigenerstellung. Dies ist beispielsweise auch der Fall, wenn die bei den Lieferanten eingesetzten Verfahren für den Gesundheitsbetrieb keine große Bedeutung haben, keine eine entscheidende Differenzierung gegenüber den Wettbewerbern erreicht werden kann, der Fremdbezug kein signifikantes Qualitätsmerkmal für den Patientennutzen darstellt und auch keine entscheidende Bedeutung für die Kernprozesse des Gesundheitsbetriebs besitzt. Der Fremdbezug eignet sich insbesondere auch, wenn die medizintechnologische, pharmazeutische, diagnostische, therapeutische und prophylaktische Entwicklung sehr rasch fortschreitet und somit die Gefahr der Veralterung von medizintechnischen Betriebsmitteln, Behandlungsverfahren, fachlichem Know-how etc. sehr hoch ist oder beispielsweise kurzfristige Engpässe zu überbrücken sind.

Neben den *qualitativen* Kriterien ist eine *quantitative* Kostenvergleichsrechnung der Fremdbezugs- und Eigenerstellungskosten durchzuführen (siehe **Abbildung 3.1**).

Abbildung 3.1   Kostenvergleichsrechnung einer Make-or-buy-Analyse.

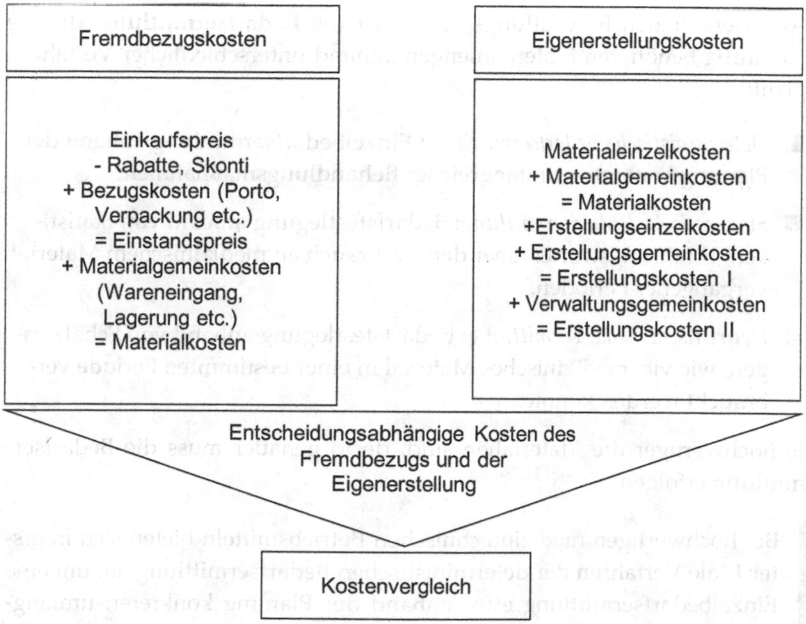

Von Bedeutung ist es, bei der Make-or-buy-Analyse nur entscheidungsabhängige Kosten zu betrachten, was eine detaillierte Kostenrechnung des Gesundheitsbetriebs voraussetzt. Häufig ist die Aufschlüsselung der Gemeinkosten nicht verursachungsgerecht und die Auslastung der Eigenerstellung kann nur prognostiziert werden.

> Muss für eine Eigenerstellung von Medizinprodukten beispielsweise eine Apothekerin eingestellt werden, so entstehen ab dem Zeitpunkt ihrer Gehaltszahlung sprungfixe Kosten, die bei den Eigenerstellungskosten zu berücksichtigen sind. Diese Fixkosten entstehen zudem unabhängig von der Menge der eigenerstellten Leistungen bzw. Medizinprodukte.

3.3   Bedarfsermittlung für medizinische Verbrauchsmaterialien

Auslöser für den Beschaffungsprozess ist die **Bedarfsermittlung**, die die zukünftig benötigten Materialmengen anhand unterschiedlicher Verfahren plant:

- *Deterministische Bedarfsermittlung*: Einzelbedarfsermittlung anhand der Planung konkreter, umfangreicher Behandlungsmaßnahmen.

- *Stochastische Bedarfsermittlung*: Bedarfsfestlegung anhand von Statistiken, Erfahrungswerten über den Verbrauch an medizinischem Material vergangener Perioden.

- *Heuristische Bedarfsermittlung*: Bedarfsfestlegung anhand von Schätzungen, wie viel medizinisches Material in einer bestimmten Periode verbraucht werden könnte.

Je hochwertiger die Materialien sind, desto genauer muss die Bedarfsermittlung erfolgen.

> Bei hochwertigen medizintechnischen Betriebsmitteln bieten sich in erster Linie Verfahren der deterministischen Bedarfsermittlung an, um eine Einzelbedarfsermittlung etwa anhand der Planung konkreter, umfangreicher Behandlungsmaßnahmen durchführen zu können. Bei Ver-

brauchsmaterialien für Behandlung und Pflege lassen sich eher weniger aufwendige Verfahren der heuristische Bedarfsermittlung einsetzen, um eine Bedarfsfestlegung anhand von Schätzungen, wie viel Verbrauchsmaterial in einer bestimmten Periode verbraucht werden könnte, durchzuführen.

Die Aufgabe der Bedarfsermittlung besteht nun darin, für alle Behandlungs- und Pflegemaßnahmen im Gesundheitsbetrieb nach Art und Zeit unter Beachtung des geplanten Leistungsprogramms so zu bestimmen, dass eine gesicherte und dabei möglichst wirtschaftliche Leistungserstellung resultiert. Die durch das Leistungsprogramm nach Zeit und Menge gegebenen Behandlungs- und Pflegemaßnahmen bezeichnet man als **Primärbedarf**. Dieses gewünschte Programm kann aber nur durchgeführt werden, wenn der Bedarf hierfür an Repetierfaktoren, wie medizintechnischen Betriebsmitteln bzw. Verbrauchsmaterialien für Behandlung und Pflege, bekannt und verfügbar ist. Den Bedarf an Repetierfaktoren zur Erstellung des Leistungsprogramms des Gesundheitsbetriebs nennt man auch **Sekundärbedarf**. Der **Bruttobedarf** berücksichtigt keine Lagerbestände. Dagegen hat die Berechnung des Nettobedarfs die Aufgabe, nachzuprüfen, ob der Bruttobedarf bereits durch den Lagerbestand gedeckt ist. Ein **Nettobedarf** ist nur vorhanden, sofern der Bruttobedarf den verfügbaren Lagerbestand übersteigt, im anderen Fall beträgt er Null. Häufig unterscheidet man neben dem Ist-Bestand der den gegenwärtigen körperlich vorhandenen Lagerbestand darstellt, Bestell-, Reservierungs- sowie Sicherheitsbestände. Der Bestellbestand ist der Bestand an offenen Bestellungen beispielsweise bei einem Lieferanten von Verbrauchsmaterialien für Behandlung und Pflege, die zu einem bestimmten Termin einem Bestand hinzugefügt werden. Ab der Periode, in der ein Zugang einer beauftragten Lieferung erfolgt, ist der Bestellbestand bei der Nettobedarfsermittlung vom Bruttobedarf zu subtrahieren. Unter reserviertem Bestand sind Teile des Lagerbestands zu verstehen, die beispielsweise für geplante OPs vorgemerkt sind und zu einem vorgesehenen Termin dem Bestand entnommen werden sollen. Der Reservierungsbestand ist nicht verfügbar und muss daher in einem gesonderten Rechenschritt vom Lagerbestand abgezogen werden. Auf die gleiche Weise wird ein Sicherheitsbestand behandelt. Der Sicherheitsbestand stellt denjenigen Teil des Lagerbestands dar, der für außergewöhnliche Ereignisse, wie Notfälle, Komplikationen etc. reserviert ist (siehe **Tabelle 3.4**).

Tabelle 3.4   Bedarfsarten im Gesundheitsbetrieb.

Bedarfsart	Erläuterung
Primärbedarf	Durch das Leistungsprogramm nach Zeit und Menge gegebenen Behandlungs- und Pflegemaßnahmen
Sekundärbedarf	Bedarf hierfür an Repetierfaktoren, wie medizintechnischen Betriebsmitteln bzw. Verbrauchsmaterialien für Behandlung und Pflege zur Erstellung der Leistungen des Gesundheitsbetriebs
Tertiärbedarf	Bedarf an Hilfs- und Betriebsstoffen sowie Verschleißteilen zur Deckung des Sekundär- und Primärbedarfes
Zusatzbedarf	Bedarf für Verschleiß, Ausschuss (beispielsweise wegen Überlagerung), Schwund als fester oder prozentualer Mengenaufschlag
Bruttobedarf	Periodenbezogener Primär-, Sekundär- oder Tertiärgesamtbedarf
Nettobedarf	Bruttobedarf abzüglich Lagerbestand und disponierter Bestand sowie zuzüglich Zusatzbedarf, reservierter Bestand und Sicherheitsbestand

Geeignete **Prognoseverfahren** für die Bedarfsermittlung von Verbrauchsmaterialien für Behandlung und Pflege sind beispielsweise:

■ arithmetisches Mittel,

■ gewichtetes arithmetisches Mittel,

■ und exponentielle Glättung.

Zur Bildung des *arithmetischen Mittels* (auch: gleitender Mittelwert) werden die Verbrauchswerte aus den vergangenen Perioden addiert und durch die Anzahl der berücksichtigten Perioden dividiert. Als Ergebnis erhält man eine Durchschnittsgröße, die als Prognosewert für die zu planende Periode genommen werden kann (siehe **Tabelle 3.5**). Folgende Größen gehen in die Berechnung ein:

- V = Vorhersagewert für die nächste Periode

- Ti = Wert der Periode i

- n = Anzahl der berücksichtigten Perioden

Tabelle 3.5 Anwendung des arithmetischen Mittels zur Bedarfsermittlung.

Perioden	Verbrauchswerte
März	1.000
April	1.200
Mai	1.500
Juni	1.400
Juli	1.600
August	1.800

Berechnung:	
V = (T1 + T2 + ... + Tn) ÷ n	8.500 ÷ 6
Prognosewert September	1.417

Dieses Verfahren stützt sich zwar auf die Erfahrungswerte eines beliebig langen Zeitraums, nämlich der n Perioden (im Beispiel sechs Monate). Jede Periode geht jedoch mit demselben Gewicht (1/6) in die Berechnung ein. Dadurch nimmt die Bedeutung jüngere Erfahrungswerte bei wachsendem n ab, und die Einnahmen-/Ausgabenentwicklung über einzelne Perioden hinweg wird nicht berücksichtigt. Dieses Problem kann durch die Einführung von geeigneten Gewichten für die einzelnen Perioden gemildert werden. Das *gewichtete arithmetische Mittel* (auch: gewogener gleitender Mittelwert) versucht durch die Gewichtung die besondere Bedeutung und Aktualität einzelner Verbrauchswerte zum Ausdruck zu bringen. Neuere

Werte können dadurch in der Prognose stärker zum Ausdruck gebracht werden als ältere (siehe **Tabelle 3.6**). Zusätzlich geht somit in die Berechnung ein:

■ Gi = Gewicht der Periode i

Tabelle 3.6   Anwendung des gewichteten arithmetischen Mittels zur Bedarfsermittlung.

Perioden	Gewichte	Verbrauchswerte
März	1	1.000
April	2	1.200
Mai	4	1.500
Juni	6	1.400
Juli	8	1.600
August	10	1.800

Berechnung: V = (T1G1 + T2G2 + ... + TnGn) ÷ (G1 + G2 + ... Gn)

(1.000 + 2.400 + 6.000 + 8.400 + 12.800 + 18.000) ÷ 31

Prognosewert September		1.568

Bei dem gewichteten arithmetischen Mittel bleibt die Festlegung der Anzahl der Perioden und ihrer Gewichtung jedoch subjektiv. Dem Gesundheitsbetrieb bleibt es also überlassen, welche Verbrauchswerte er mit welchem Gewicht in seine Prognose einfließen lässt. Diese Nachteile können zumindest teilweise durch den Einsatz der *exponentiellen Glättung* gemildert werden. Bei ihr geht die Anzahl der Perioden nicht direkt in die Ermittlung des Prognosewertes ein, sondern nur indirekt über einen Glättungsfaktorfaktor. Er gewichtet die Differenz zwischen dem letzten Prognosewert und dem tatsächlich in der letzten Periode erzielten Wert. Dieser gewichtete „Prognosefehler" wird zu dem letzten Vorhersagewert addiert, um auf diese Weise zu einem genaueren neuen Prognosewert zu gelangen (siehe **Tabelle 3.7**). In die Berechnung gehen somit ein:

■ Vn = Vorhersagewert neu

■ Va = Vorhersagewert alt

■ Ti = tatsächlicher Wert der letzten Periode

■ α = Glättungsfaktor

Tabelle 3.7 Anwendung der exponentiellen Glättung zur Bedarfsermittlung.

Berechnung	Verbrauchswerte
Vorhersagewert August	1.500
Tatsächlicher Wert August	1.800

Berechnung:	
Vn = Va + α*(Ti – Va); α = 0,3	1.500 + 0,3 x (1.800 – 1.500)
Prognosewert September	1.590

Bei α= 0 wird der Prognosefehler und der tatsächliche Wert der letzten Periode überhaupt nicht berücksichtigt. Der neue Vorhersagewert entspricht dann dem alten. Bei α= 1 entspricht der gesuchte Prognosewert dem tatsächlichen Wert der letzten Periode und der Prognosefehler wird voll in die neue Vorhersage übernommen. In der praktischen Anwendung wird daher mit einem α zwischen 0,1 und 0,5 gearbeitet.

Zusätzlich ist bei der Bedarfsermittlung im Gesundheitsbetrieb der *Bedarfsverlauf* zu berücksichtigen:

■ *Konstanter Verlauf*: Bedarf entwickelt sich in der Zeitreihe horizontal gleich bleibend fort.

■ *Trendverlauf* : Langfristige Entwicklung, die sich über einen Zeitraum steigend oder fallend darstellt.

■ *Saisonaler Verlauf*: Spitzen- oder Minimalbedarfe treten zyklisch wiederkehrend auf (beispielsweise Verbrauchsmaterialien für Behandlung und Pflege bei Wintersportverletzungen).

■ *Bruchartiger Verlauf*: Nachhaltige Veränderung des Niveaus des Bedarfverlaufes.

■ *Zufälliger Verlauf*: Unregelmäßige Abweichungen vom Trend mit unbekannten Ursachen.

3.4 Ermittlung optimaler Bestellzeitpunkte und -mengen

Im Anschluss an die Bedarfsermittlung ist der richtige Zeitpunkt von Bestellungen von Verbrauchsmaterialien für Behandlung und Pflege zu bestimmen, um einerseits Fehlmengen, andererseits aber auch unnötig hohe Lagermengen zu vermeiden. Dazu ist eine **Bestandsüberwachung** durchzuführen, um die die benötigten Materialien bereitzuhalten, mit den Zielen einer sicheren Lieferbereitschaft und -fähigkeit für alle geplanten und ungeplanten Behandlungs- und Pflegeleistungen, sowie der Vermeidung von Fehlmengenkosten. Hierzu lassen sich unterschiedliche **Bestandsarten** üblicherweise durch eine Bestandsführung überwachen (siehe **Tabelle 3.8**).

Tabelle 3.8   Bestandsarten in der Vorratshaltung des Gesundheitsbetriebs.

Bestandsart	Beschreibung
Lagerbestand	Gesamter körperlich im Lager befindlicher Bestand an Verbrauchsmaterialien für Behandlung und Pflege.
Höchstbestand	Maximalbestand zur Vermeidung unnötig hoher Lagerbestände.

Bestandsart	Beschreibung
Reservierter Bestand	Für geplante Behandlungs- oder Pflegemaßnahmen bereits eingeplanter Bestand.
Disponierter Bestand	Bestellungen bei Lieferanten von Verbrauchsmaterialien für Behandlung und Pflege, die noch nicht eingetroffen sind.
Sicherheitsbestand	„Eiserne Reserve", die bei Störungen die jederzeitige Versorgung auch für Notfälle sichern soll.
Verfügbarer Bestand	Lagerbestand zuzüglich disponierter Bestand und abzüglich reservierter Bestand sowie Sicherheitsbestand.
Meldebestand	Bestellpunkt, um den verfügbaren Bestand in der erforderlichen Wiederbeschaffungszeit rechtzeitig zu decken.
Durchschnittlicher Lagerbestand	Bestandsmenge in einem Beobachtungszeitraum als Vergleichskennzahl.
Sperrbestand	Entnahmeverbote in der Regel aufgrund von Qualitätsproblemen (beispielsweise gesperrte Arzneimittelchargen etc.)

Bei dem **Bestellpunktverfahren** wird der Zeitpunkt der Bestellung so gelegt, dass der verfügbare Bestand an Verbrauchsmaterialien für Behandlung und Pflege ausreicht, um den Bedarf in der erforderlichen Wiederbeschaffungszeit zu decken (siehe **Abbildung 3.2**).

Abbildung 3.2   Bestellpunktverfahren für die Wiederbeschaffung von
                      Verbrauchsmaterialien für Behandlung und Pflege.

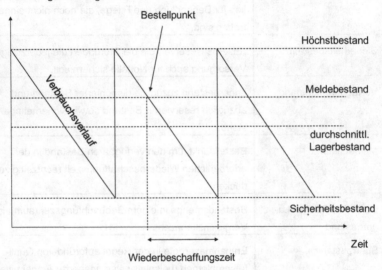

Bei dem Bestellpunktverfahren gibt es folgende Möglichkeiten:

■ *Ermittlung über Lagerreichweite*: Lagerreichweite als Maßstab, wie lange
  der verfügbare Bestand an Verbrauchsmaterialien für die Behandlung
  und Pflege zur Bedarfsdeckung ausreicht.

■ *Fester Bestellpunkt*: Bei gleich bleibender Wiederbeschaffungszeit für
  Verbrauchsmaterialien für die Behandlung und Pflege (Festlegung des
  Bestellpunktes zu Beginn einer Periode).

■ *Gleitender Bestellpunkt*: Bei Veränderungen der Wiederbeschaffungszeit
  oder des Bedarfs (Überprüfung der Bestellnotwendigkeit nach jeder
  Entnahmebuchung).

Das **Bestellrhythmusverfahren** geht von einer regelmäßigen Überprüfung der Bestellnotwendigkeit von Verbrauchsmaterialien für die Behandlung und Pflege in festgelegten Zeitabständen (Kontrollzyklus) aus. Dabei sind folgende Zeitanteile zu berücksichtigen:

■ *Bestellzeit*: Zeitraum vom Erkennen der Bestellnotwendigkeit bis zur Eingang der Bestellung beim Lieferanten von Verbrauchsmaterialien für die Behandlung und Pflege.

■ *Wiederbeschaffungszeit*: Zeitraum vom Erkennen der Bestellnotwendigkeit bis zur Verfügbarkeit der Verbrauchsmaterialien für die Behandlung und Pflege im Lager des Gesundheitsbetriebs.

■ *Einlagerzeit*: Zeitraum von der Anlieferung bis zur Verfügbarkeit im Lager des Gesundheitsbetriebs.

■ *Auftragsvorbereitungszeit*: Zeitraum für die interne Abwicklung einer Bestellung im Gesundheitsbetrieb.

■ *Lieferzeit*: Zeitraum vom Eingang der Bestellung beim Lieferanten von Verbrauchsmaterialien für die Behandlung und Pflege bis zur Anlieferung an den Gesundheitsbetrieb.

Die optimale Bestellmenge lässt sich unter Einbeziehung von Beschaffungs- und Lagerkosten ermitteln. Viele der heutzutage angewendeten Modelle zur Berechnung der optimalen **Losgröße** beruhen auf der von *K. Andler* bereits 1929 aufgestellten Losgrößenmethode:

$$B_{opt.} = \sqrt{[(200 \times K \times m) \div (1 \times p)]},$$

mit B = Beschaffungsmenge, K = Kosten je Beschaffung, m = Jahresbedarf, 1 = Lagerkostensatz in Prozent des Lagerwertes, p = Preis je Mengeneinheit.

> Bei einem durchschnittlicher Bedarf pro Monat von 70 Spezialkompressen, Beschaffungskosten für Katalogrecherchen, Telefonate, Ausdrucke etc. in Höhe von 65,00 Euro und einem Preis von 50,00 Euro pro Stück, lässt sich bei einem Lagerkostensatz von 2 Prozent pro Monat folgende optimale Losgröße bzw. Beschaffungsmenge ermitteln: $\sqrt{[(200 \times 65,00 \times 70) \div (0,02 \times 50)]} = 95$.

Bei dieser vereinfachten, *statischen* Analyse wird jedes einzelne zu beschaffende Verbrauchsmaterial für Behandlung und Pflege isoliert betrachtet und der Bedarf pro Zeiteinheit als konstant und bekannt angenommen. Ferner wird davon ausgegangen, dass das Verbrauchsmaterial beliebig lange gelagert werden kann und jeder Bedarf sofort bei seinem Auftreten vom Lagerbestand befriedigt werden muss, Fehlmengen somit nicht zugelassen sind. Bei einem *dynamischen* Optimierungsverfahren wird beispielsweise zu Beginn jeder Periode geprüft, ob ein Beschaffungslos aufzulegen ist, und wenn ja, ob dieses den Bedarf einer oder mehrerer aufeinander folgender Perioden umfassen soll. Aufgrund von Optimalitätsbedingungen der dynamischen Optimierung gilt, dass die Losgröße einer Periode

- entweder Null ist

- oder dem Bedarf der Periode bzw.

- einer Bündelung zukünftiger Bedarfswerte entspricht.

Ein Beschaffungslos ohne Berücksichtigung zukünftiger Bedarfe ist daher nicht optimal

Geht man von einem Preis von 20,00 Euro je Stück (p) zu beschaffendes Verbrauchsmaterial für die Behandlung oder Pflege aus, bezieht die zu beschaffende Menge (m) sowie die Lagerdauer (d) ein und nimmt einen Lagerkostensatz von zehn Prozent (l) an, so lässt sich anhand der Lagerkostenformel (m x p x l x d) ÷ (100 x 365) in einem dynamischen Ansatz bei gleich bleibendem Preis pro Stück ein optimales Beschaffungslos bestimmen (siehe **Tabelle 3.9**).

Tabelle 3.9   Optimale gleitende Beschaffungslosbestimmung.

Bedarfs-termin	Bedarfs-menge	Beschaf-fungslos	Beschaffgs.-kosten	Lager-kosten	Gesamt-kosten	Stück-kosten
01.05.	1.000	1.000	100,00	0,00	100,00	0,10
08.05.	1.000	2.000	100,00	38,36	138,36	0,069
15.05.	1.000	3.000	100,00	76,71	176,71	0,059
22.05.	1.000	4.000	100,00	115,07	215,07	0,054
29.05.	1.000	5.000	100,00	153,43	253,43	0,051

3.5 Einkauf von medizinischen Betriebsmitteln und Verbrauchsmaterial

Mit dem Einkauf von medizinischen Betriebsmitteln und Verbrauchsmaterial werden zahlreiche Beschaffungsmaßnahmen bzw. Beschaffungsaufgaben durchgeführt. Ziel des Materialeinkaufs ist der Erwerb bzw. die Verfügbarmachung der für die Behandlungs- und Pflegeleistungen erforderlichen medizintechnischen Betriebsmittel, Verbrauchsmaterialien für Behandlung und Pflege, Dienstleistungen und anderes mehr (siehe **Abbildung 3.3**).

Abbildung 3.3   Aufgaben des Materialeinkaufs im Gesundheitsbetrieb.

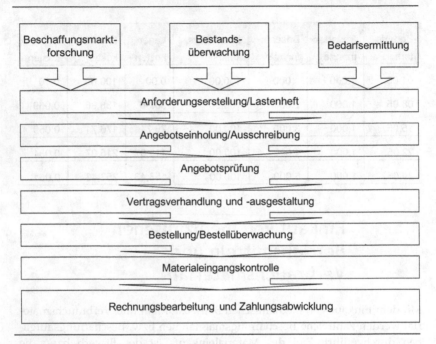

Steigende Bedeutung bei der Beschaffung von Verbrauchsmaterialien für Behandlung und Pflege gewinnt das sogenannte **E-Procurement**, der elektronische Materialeinkauf über das Internet. Dies geschieht in der Regel über Lieferantensysteme, bei denen der Gesundheitsbetrieb sich hinsichtlich Bestellmodalitäten und Zahlungsabwicklung am vorgegebenen System des jeweiligen Lieferanten orientiert.

Die *Arbeitsgemeinschaft Kardiologie und medizinischer Sachbedarf (AGKAMED) GmbH*, Essen, stellt eine Einkaufsgemeinschaft von über 140 Krankenhäusern dar, die die Bestellungen bündelt und mit einem E-Procurement-System abwickelt. Dabei wird dem Einkäufer ein auf seine Bedürfnisse abgestimmtes Produktsortiment vorgegeben, das über eine mit dem Materialwirtschaftssystem des Gesundheitsbetriebs verbundene Bestellplattform Bestellungen elektronisch an die Lieferanten weiterleitet, sowie Lieferschein, Rechnung etc. automatisiert an den Besteller übermittelt. Ein elektronischer Datenaustausch für die Rechnungsbearbeitung und Finanzbuchhaltung ist dabei ebenso möglich wie eine Re-Identifikation des Materials für den einzelnen Patienten anhand von Patienten- oder Fallnummern (beispielsweise bei Rückrufaktionen oder herstellerseitigen Produktionsfehlern).

Der Beschaffung von medizintechnischen Betriebsmitteln für den Gesundheitsbetrieb geht zunächst eine Situationsanalyse voraus. Dabei ist neben der medizinischen Notwendigkeit festzulegen, welches Aufgabenspektrum zukünftig mit dem für die Anschaffung vorgesehenen Betriebsmittel bewältigt werden soll, insbesondere unter Berücksichtigung jener Aufgaben, die gegenwärtig einen besonders hohen Zeit- und Arbeitsaufwand erfordern, bei deren Erfüllung sich ständig Probleme ergeben oder aber auch unstrukturierte Arbeitsabläufe, über die die Betriebsangehörigen klagen.

Aus dem Ergebnis der Situationsanalyse bzw. der Festlegung des Aufgabenspektrums lassen sich die Anforderungen an die anzuschaffende Medizintechnik ableiten. Diese münden in der Regel in ein **Lastenheft,** dass als Anforderungsspezifikation (Requirement Specification) die zu erwartende Leistung möglichst genau definiert und die Grundlage für eine spätere Ausschreibung darstellen kann, in dem es die Forderungen an die Lieferung und Leistung eines Auftragnehmers innerhalb eines Auftrages beschreibt. Das Lastenheft enthält zu diesem Zweck üblicherweise Informationen zu Zielsetzung der Anschaffung, deren Einsatzbedingungen, Anforderungen an Lieferumfang, Benutzbarkeit, Effizienz, Zuverlässigkeit, Änderbarkeit, Risikoeigenschaften sowie Abnahmekriterien etc.

Bei größeren Beschaffungsvolumina wird zur Angebotseinholung eine **Ausschreibung** durchgeführt, mit der eine Vergabe von Aufträgen im Wettbewerb erreicht werden und potenzielle Lieferanten zur Angebotsabgabe aufgefordert werden sollen (siehe **Tabelle 3.10**).

Tabelle 3.10   Ausschreibungsarten für die Betriebsmittelbeschaffung.

Ausschreibungsart	Synonym	Erläuterung
Leistungsanfrage	Request for Information, RFI	Ausschreibungsvariante zur ersten Sondierung des medizintechnischen Marktes in der Regel anhand von Listenpreisen mit Anfrage an potenzielle Lieferanten, ob sie einen bestimmten Bedarf grundsätzlich erfüllen können
Preisanfrage	Request for Quotation, RFQ	Anfragen an Lieferanten, von deren grundsätzlicher Leistungsfähigkeit der Gesundheitsbetrieb überzeugt ist, anhand detaillierter Bedarfsbeschreibungen mit unverbindlicher Preisanfrage
Angebotsanfrage	Request for Proposal, RFP	Ausschreibung im engeren Sinn mit der Anforderung innerhalb der angegebenen Gültigkeitsfrist vertraglich bindender Angebote, bestmöglichen Preis, detaillierter Leistungsbeschreibung sowie alle zum Vertragsabschluss gehörenden Zusatzvereinbarungen
Angebotserweiterungsanfrage	Request for Feature, RFF	Verhandlungen und Anfrage zur Erweiterung eines Systems oder Angebots
Auftragsauktionen	--	Versteigerung von Aufträgen des Gesundheitsbetriebs in zumeist internetbasierten Auktionen

Für Gesundheitsbetriebe in öffentlicher Trägerschaft bzw. Rechtsform sind Ausschreibung nach dem öffentlichen **Vergaberecht** vorgegeben. Dieses setzt sich im Wesentlichen zusammen aus der

■ *Vergabeverordnung (VgV)*: Rechtsverordnung, die das Verfahren bei der Vergabe von öffentlichen Aufträgen und deren Nachprüfung regelt.

■ *Vergabe- und Vertragsordnung für Bauleistungen (VOB)*: Regelungen für die Vergabe von Bauaufträgen durch öffentliche Auftraggeber und für den Inhalt von Bauverträgen.

■ *Verdingungsordnung für Leistungen (VOL)*: Regelt die Ausschreibung und die Vergabe von Lieferungen und Dienstleistungen (siehe **Tabelle 3.11**).

■ *Verdingungsordnung für freiberufliche Leistungen (VOF)*: Regelt die Ausschreibung und Vergabe von Leistungen, die im Rahmen einer freiberuflichen Tätigkeit erbracht werden.

Tabelle 3.11 Ablaufschemata zu Vergabeverfahren nach *VOL/A*.

Schritt	Vergabeart		
	Öffentliche Ausschreibung	Beschränkte Ausschreibung	Freihändige Vergabe
1	Prüfung, ob VOL/A anwendbar		
2	Erstellung der Verdingungsunterlagen		
3	Wahl der Vergabeart		
4	Bekanntmachung der Ausschreibung	Marktübersichtprüfung bzw. Bewerberkreiserkundung	
5	Versendung der Vergabeunterlagen	Auswahl der Unternehmen für die Angebotsabgabe	
6	ggf. Einholung zusätzlicher Auskünfte	Versendung der Vergabeunterlagen	
7	Angebotsabgabe	ggf. Einholung zusätzlicher Auskünfte	
8	Verwahrung und Öffnung der Angebote	Angebotsabgabe	

Schritt	Vergabeart		
	Öffentliche Ausschreibung	Beschränkte Ausschreibung	Freihändige Vergabe
9	Prüfung der Angebote	Verwahrung und Öffnung der Angebote	
10	Wertung der Angebote	Prüfung der Angebote	
11	Erteilung des Zuschlags	Wertung der Angebote	
12	Benachrichtigung nicht berücksichtigter Bieter	Erteilung des Zuschlags	
13	Vergabevermerk	Benachrichtigung nicht berücksichtigter Bieter	
14	--	Vergabevermerk	

Quelle: In Anlehnung an *Lamm C. u.a.: VOL-Handbuch*, C4, S. 1ff

Sofern das Vergaberecht nichts anderes vorsieht oder eine Auftragsvergabe im privatrechtlichen Rahmen möglich ist, ist anhand der Angebotsprüfung eine Auswahlentscheidung unter Berücksichtigung medizinischer, wirtschaftlicher und ergonomischer Kriterien zu treffen, wie beispielsweise

■ Anforderungserfüllung,

■ Ausstattung/Patientenkomfort/Leistung,

■ Bedienfreundlichkeit,

■ Preis,

■ Wartungsaufwand,

■ Serviceumfang.

Zur Entscheidungsunterstützung bietet sich die Anwendung einer **Nutzwertanalyse (NWA)** an, die anhand von Kategorien für den Erfüllungsgrad der Kriterien, deren Gewichtung und der anschließenden Bewertung der einzelnen Angebotsalternativen zu einer quantitativen Ergebnismatrix gelangt (siehe **Tabelle 3.12**).

Tabelle 3.12 Nutzwertanalyse zur Entscheidung über Beschaffungsalternativen.

Kriterium	Gewicht	Radiologisches System A	Radiologisches System B
Anforderungs-erfüllung (1)	25	Übererfüllt die gestellten Anforderungen	Erfüllt die gestellten Anforderungen
Ausstattung / Patientenkomfort / Leistung (2)	30	Neuester Stand der Medizintechnik	Auslaufmodell
Bedienfreundlichkeit (3)	5	Einfache Bedienung	Umfangreiche Einweisung notwendig
Preis (4)	25	150.000	120.000
Wartungsaufwand (5)	10	einmal jährlich	alle sechs Monate
Serviceumfang (6)	5	Service nach Terminvereinbarung durch Fremdfirma	24 Std. Rufbereitschaft des Herstellers
Summe	100		

Kri-terium	0 Punkte	2 Punkte	5 Punkte	8 Punkte	10 Punkte	Gewicht	Erf.-grad A	Nutz-wert A	Erf. grad B	Nutz-wert B
1	nicht erfüllt	...	ausr. erfüllt	...	vollst. erfüllt	25	10	250	10	250
2	gering. Komf. /	...	ausr. Komf. /	...	hoher Komf. /	30	10	300	5	150
3	schlecht	...	aus-rei-chend	...	sehr gut	5	8	40	2	10
4	über-teuert	...	ange-messen	...	preis-günstig	25	2	50	8	200
5	Hoch	...	akzep-tabel	...	gering	10	8	80	2	20
6	schlecht	...	aus-rei-chend	...	sehr gut	5	2	10	10	50

Nutzwert: 730   680

Die Vertragsverhandlung und -ausgestaltung der Lieferverträge gerade bei medizintechnischen Betriebsmitteln ist in zunehmendem Maße auf internationale Handelsbeziehungen ausgerichtet. Bei den Lieferbedingungen werden in der Regel die weltweit anerkannten und standardisierten *Incoterms* gewählt, die die Aufteilung der Transportkosten und den Zeitpunkt des Gefahrenübergangs regeln. Die Zahlungsbedingungen umfassen Regelungen über den Zeitpunkt und die Art der Zahlung sowie den Zahlungsort. Übliche Zahlungsvereinbarungen sind:

■ *Clean Payment* (Zahlung erfolgt gegen Rechnung und Zahlungsziel) oder

■ *Vorauszahlung oder hohe Anzahlung* (volle Kaufpreiszahlung bzw. Teilzahlung vor Versand der Ware).

Absicherungsinstrumente vermindern für den Gesundheitsbetrieb das Risiko bei Lieferproblemen:

■ *Vertragserfüllungsgarantie* (Absicherung eines Teilbetrags des Liefergeschäftes, falls der Lieferant nicht vertragsgemäß liefert) oder

■ *Anzahlungsgarantie* (Sicherung des Rückerstattungsanspruches für geleistete Anzahlungen).

Durch eine Inkrafttretungsklausel kann das Inkrafttreten des Liefervertrages vom Eintritt bestimmter Bedingungen (Finanzierungszusage einer Bank etc.) abhängig gemacht werden. Ebenso sind die Gewährleistungspflichten sowie die Haftungsbegrenzungen bzw. Haftungsausschlüsse zu regeln. Um künftige Streitigkeiten klären zu können, wird im Liefervertrag eine entsprechende Gerichtsstandsvereinbarung getroffen. Bei einer Schiedsgerichtsvereinbarung kann anstelle einer staatlichen Gerichtsbarkeit ein Schiedsgericht für zuständig erklärt werden. Eine Vertragsstrafe lässt sich für den Fall nicht vertragsgemäßer Erfüllung oder sonstiger Pflichtverletzung in Form einer Zahlungspflicht vereinbaren.

Für die Gesundheitsbetriebe, die häufig und in großen Mengen medizinisches Verbrauchsmaterial beschaffen, ist der **Rahmenvertrag** dabei von besonderer Bedeutung. Er regelt grundsätzliche Aspekte der Zusammenarbeit mit dem Lieferanten und beinhaltet jedoch Flexibilität für konkrete Beschaffungsfälle. So können Material, Preis und Qualität fest vereinbart werden, die Liefermenge und der Lieferzeitpunkt jedoch zunächst offen bleiben (beispielsweise Abruf- oder Sukzessivlieferungsvertrag). Dies bedeutet für den Gesundheitsbetrieb in der Regel niedrigere Preise und eine Preisgarantie für einen längeren Zeitraum.

Mit der **Bestellung** wird die Aufforderung des Gesundheitsbetriebs an einen Lieferanten zur Bereitstellung eines Produktes oder einer Leistung übermittelt. Sie mündet in ein Vertragsverhältnis, durch das sich beide Seiten zur Erfüllung der gegenseitigen Vereinbarungen verpflichten. Ihre Form wird durch Gesundheitsbetrieb und Lieferant vereinbart und umfasst in der Regel Leistungs- bzw. Materialart, Lieferort, - termin, und - menge, Mengeneinheit, Verpackung, Preise für Material und Nebenleistungen, Zahlungsbedingen sowie sonstige Vereinbarungen.

Die **Bestellüberwachung** umfasst die Überwachung von Liefertermineinhaltung, das Mahn- und Erinnerungswesen sowie die Maßnahmeneinleitung bei Unter- oder Überdeckung der Bestellmenge.

3.6   Materialeingangskontrolle

Bei der **Materialeingangskontrolle** handelt es sich um ein Verfahren der Qualitätskontrolle im Gesundheitsbetrieb. Auch hier zeigt sich geradezu exemplarisch die enge Verbindung von Logistik und Qualitätsmanagement. Sie erfolgt im Sinne einer Abnahmeprüfung mit dem Ziel, Gefährdungen und Störungen zu vermeiden, die durch Materialfehler in Behandlungs- und Pflegeprozessen auftreten können.

Wie wichtig eine genaue Materialeingangskontrolle sein kann, zeigt die Berichterstattung in der *Süddeutschen Zeitung* über den tragischen Tod von drei Säuglingen: „Drei Babys starben ... wegen verunreinigter Infusionen. Schuld daran waren aber offenbar nicht Hygienemängel im Krankenhaus, denn zu der Panne kam es nicht erst beim Zubereiten der Lösung. Die Nährlösung für die drei ... gestorbenen Babys ist aller Wahrscheinlichkeit nach durch eine defekte Flasche verunreinigt worden. ‚In dieser Flasche wurden die Keime nachgewiesen, um die es geht', sagte Oberstaatsanwalt... Es sei auszuschließen, dass der Inhalt der Flasche in der Apotheke ... verschmutzt worden sei. Auch eine Kontaminierung beim Hersteller des Inhalts der Flasche sei unwahrscheinlich. Vermutlich sei die Flasche während des Transport beschädigt worden, wodurch die Bakterien in die Flüssigkeit gelangt seien."

Auch nach dem Handelsrecht muss der Käufer als Kaufmann sofort bei der Übernahme, spätestens vor der Benutzung, prüfen, ob die gelieferten Verbrauchsmaterialien für Behandlung und Pflege fehlerfrei sind, da sie sonst als fehlerfrei gelten. Eine **Reklamation** kann erforderlich sein, wenn die Materialien fehlerhaft sind und damit zugesicherte oder zu erwartende Eigenschaften nicht erfüllen. Der Gesundheitsbetrieb hat in diesem Fall rechtliche Möglichkeiten, gegen den Mangel vorzugehen (siehe **Tabelle 3.13**).

Tabelle 3.13 Reklamationsmöglichkeiten im Rahmen der Materialeingangskontrolle.

Reklamationsart	Erläuterung
Umtausch	Lieferant nimmt die reklamierten Materialien zurück und händigt dem Gesundheitsbetrieb solche aus, die den Fehler nicht aufweisen.
Reparatur	Lieferant behebt den Mangel auf seine eigenen Kosten, sodass der Reklamationsgrund entfällt (Nachbesserung bei Dienstleistungen).
Wandlung	Lieferant nimmt die fehlerhaften Materialien zurück und händigt dem Gesundheitsbetrieb den Kaufpreis aus.
Minderung	Lieferant erstattet einen Teilbetrag, der Gesundheitsbetrieb behält die fehlerhaften Materialien.

Auch wenn üblicherweise die *Allgemeinen Geschäftsbedingungen (AGB)* der Lieferanten von Verbrauchsmaterialien für Behandlung und Pflege eine Vorgehensweise regeln, muss die Lösung für den Gesundheitsbetrieb zumutbar sein. Unbegrenzt erfolglose Reparaturversuche oder die Aushändigung ganz anderer Materialien oder eines Gutscheins sind ohne das Einverständnis des Gesundheitsbetriebs unzulässig.

Bei der Materialeingangskontrolle wird das angelieferte Verbrauchsmaterial für Behandlung und Pflege Material übernommen und abgeladen. Der Eingang wird zunächst anhand der Lieferpapiere überprüft, der richtigen Menge, Lieferadresse und äußeren Beschaffenheit. Bei einer optisch erkennbaren Beschädigung der Verbrauchsmaterialien kann eine Annahme verweigert werden.

Am Beispiel *medizinischer Gase* beschreibt *A. Eisert, St. Franziskus-Hospital,* Köln, welche Bedeutung die Materialeingangskontrolle für die Logistikorganisation des Gesundheitsbetriebs hat: Medizinische Gase zählen zu den Verbrauchsmaterialien eines Gesundheitsbetriebs und sind sowohl als Medizinprodukte wie auch als Arzneimittel im Handel. Nach dem *Arzneimittelgesetz (AMG)* ist bei medizinischen Gasen für Diagnose und Therapie am Menschen, wie Kohlendioxid für minimalinvasive Chirurgie oder medizinische Bäder, Aer Medicinalis zur Beatmung oder als Trägergas, Sauerstoff bei Störungen im Atemzentrum, Lachgas zur Anästhesie, Carbogen bei Atemfunktionsunterstützung, der Gesundheitsbetrieb für die Eingangskontrolle zuständig. Wenn Gase wie Aer Medicinalis art. als synthetische Luft, Aer Medicinalis als Druckluft für Atemschutzgeräte, Sauerstoff zur Höhenatmung nicht am Menschen oder nicht für die Therapie und Diagnose, aber am Menschen eingesetzt werden, ist beispielsweise ein Krankenhausapotheker nicht verantwortlich für die Materialeingangskontrolle gemäß Apothekenbetriebsordnung. Bei Fertigarzneimitteln ist der Gesundheitsbetrieb verpflichtet, ihre Kennzeichnung, wie Name und Anschrift des pharmazeutischen Unternehmers, die Bezeichnung des Arzneimittels, die Zulassungsnummer und andere Merkmale stichprobenartig zu überprüfen. Während beispielsweise Sauerstoff in der Gasflasche ein Fertigarzneimittel ist, handelt es sich bei Sauerstoff aus dem Tankwagen um ein Arzneimittel in keiner für den Verbraucher bestimmten Verpackung und damit nicht um ein Fertigarzneimittel. Je nach Liefervertrag für den Sauerstoff als Arzneimittel, in dem die Verantwortung des Lieferanten für den Herstellungsprozess im Gesundheitsbetrieb festgelegt ist oder nicht, liegt die Verantwortung für die Materialeingangskontrolle entweder beim Lieferanten oder beim Gesundheitsbetrieb (siehe **Tabelle 3.14**).

Tabelle 3.14   Beispiele für Materialeingangskontrollarten.

Material	Kontrollart	Verantwortlichkeit
verflüssigte medizinische Gase	Herstelleranalytik nach EuAB	je nach Liefervertrag: Gesundheitsbetrieb oder Lieferant
Rezepturen	Prüfanalytik nach EuAB	Gesundheitsbetrieb
Fertigarzneimittel	Sinnesprüfung/Stichproben	Gesundheitsbetrieb

Quelle: in Anlehnung an *A. Eisert* (2005).

> Der *Wiener Krankenanstaltenverbund (KAV)* führt beispielsweise im Rahmen der Materialeingangskontrolle eine Überprüfung sämtlicher Arznei-, Grund und Hilfsstoffe durch, die in der apothekeneigenen Produktion Verwendung finden.

Die Wareneingangskontrolle umfasst auch Teile der **Rechnungsbearbeitung,** denn die eingehenden Lieferantenrechnungen für die medizintechnischen Betriebsmittel, Verbrauchsmaterialien für Behandlung und Pflege, Dienstleistungen und anderes mehr sind auf sachliche und rechnerische Richtigkeit zu kontrollieren und den jeweiligen Aufwandskonten buchhalterisch zuzuordnen. Erst danach erfolgt in der Regel die **Zahlung** des Rechnungsbetrages als Teil der Vertragserfüllung in Form der Übermittlung eines Entgelts für die Lieferung der medizintechnischen Betriebsmittel, Verbrauchsmaterialien für Behandlung und Pflege oder Dienstleistungen (siehe **Tabelle 3.15**).

Tabelle 3.15   Zahlungsarten beim Materialeinkauf.

Zahlungsart	Erläuterung
Überweisung	Bargeldlose Zahlung vom Konto des Gesundheitsbetriebs zum Konto des Lieferanten durch ein Kreditinstitut.
Barzahlung	Direkte Aushändigung der Materialien gegen Bargeld.
Nachnahme	Barzahlung gegen Aushändigung der Ware durch einen Frachtführer des Lieferanten.
Dauerauftrag	Beauftragung eines Kreditinstituts zur Überweisung einer gleich bleibenden Summe zu bestimmten Terminen.
Abschlagszahlung	Teilzahlung auf eine Gesamtschuld.
Abbuchungsauftrag	Ermächtigung, Abbuchungen vom Konto des Gesundheitsbetriebs vorzunehmen.
Lastschrifteinzugsverfahren	Ermächtigung, den Zahlungsbetrag vom Konto des Gesundheitsbetriebs abzubuchen.
Teilschlusszahlung	Zahlung nach Leistungsabschluss unter Sicherheitseinbehalt des Gesundheitsbetriebs.
Schlusszahlung	Vervollständigung der Zahlung nach Leistungsabschluss.
Barscheck	Scheck, der bar an den Lieferanten ausgezahlt wird.
Vorauszahlung	Vorzeitige Zahlung vor Erhalt der Leistung.
Verrechnungsscheck	Scheck, der nicht bar an den Lieferanten ausgezahlt werden darf, sondern über ein Girokonto eingezogen werden muss.

3.7 Lieferantenoptimierung

Um die Zusammenarbeit mit ausgewählten Lieferanten im Hinblick auf die für die Behandlungs- und Pflegeleistungen erforderlichen medizintechnischen Betriebsmittel, Verbrauchsmaterialien für Behandlung und Pflege, Dienstleistungen und anderes mehr, zu intensivieren, muss zumindest teilweise eine Abkehr vom traditionellen Verhältnis zwischen Gesundheitsbetrieb und Zulieferer erfolgen. Während das traditionelle Verhältnis eher durch ständig wiederkehrende Preisverhandlungen, Streben nach kurzfristigen Kostenvorteilen, Qualitätskontrollen durch den Gesundheitsbetrieb, Weitergabe des Kostendrucks oder gegenseitiges Ausspielen konkurrierender Lieferanten geprägt ist, scheint eine intensive und langfristige Zusammenarbeit mit ausgewählten Stammlieferanten auf dieser Basis in der Regel nicht erreichbar.

Die Auswahl von Stammlieferanten erfolgt nicht nach kurzfristigen Kostengesichtspunkten, sondern vielmehr nach strategischen Kriterien. Sie erfolgt häufig auch anhand eines **Lieferantenaudits**, bei dem die Lieferanten einzeln bewertet werden (siehe **Tabelle 3.16**).

Tabelle 3.16   Mögliche Kriterien eines Lieferantenaudits.

Kriterienbereich	Einzelkriterien
Herstellung	Fertigungskapazitäten, medizintechnische Kompetenz, Flexibilität, räumliche Nähe
Unternehmensdaten	Image, Marktanteil, Umsatzentwicklung, Finanzkraft, Kundenorientierung, Interesse an langfristigen Bindungen zum Gesundheitsbetrieb, kooperative Einstellung der Mitarbeiter, Verpflichtungen gegenüber Konkurrenzunternehmen
Lieferflexibilität	Möglichkeit kurzfristiger Abrufe, Eillieferungen, Lieferbeschaffenheit, Bereitschaft zur Lagerhaltung, Transportvorteile

Kriterienbereich	Einzelkriterien
Lieferzuverlässigkeit	Lieferzeiten, Notfallsysteme, Rückverfolgbarkeit
Kundenorientierung	Preise und Konditionen, Vertriebsformen, Kundendienst, Garantieleistungen, zusätzliche Serviceleistungen, Notdienst, Angebot von Systemlösungen
Entwicklung	medizintechnisches Entwicklungs-Know-how, Innovationskraft, Entwicklungskapazitäten, Forschungs- und Entwicklungsimage, Bereitschaft, an ständigen Verbesserungen zu arbeiten
Qualität	Einhaltung von medizinischen Normen und Standards, Fehlerhäufigkeit, Qualitätssicherungs- und -kontrollverfahren, Qualitätsbewusstsein, Qualitätsmanagementsystem, Zertifizierung, Verpackungsqualität, Maßnahmen zur Verbesserung von Kundenzufriedenheit
Informations- und Kommunikationstechnik	Erreichbarkeit, Stand der Technik, Datenschutz, Virenschutz, Betriebssysteme, Vernetzung, EDI-Fähigkeit
Qualifikation	Schulungsmaßnahmen, Arbeitssicherheit
Ausstattung	Stand der Technik, Pflege, Wartung, Einsatzbedingungen
Prüfmittel und Prüfeinrichtungen	Regelmäßige Kalibrierung, Eichung, Eignung für Prüfaufgaben, Kontrollpläne, Prüfnachweise

Eine *kooperative* Beziehung zum Lieferanten eines Gesundheitsbetriebs hat die Zusammenarbeit zwischen Lieferant und Gesundheitsbetrieb insbesondere auf den Gebieten Preisbildung, Qualitätsanforderungen, Bestell- und Lieferkonditionen in Rahmenverträgen zum Ziel und ist dadurch gekennzeichnet, dass eine intensive Zusammenarbeit im Bereich Forschung und Entwicklung stattfindet, um eine permanente Kostensenkung und Qualitätsverbesserung zu erreichen. Zudem findet eine enge Kooperation bei der Neuentwicklung von Dienstleistungen für Behandlung und Pflege bzw. von medizintechnischen Betriebsmitteln und Verbrauchsmaterialien für Behandlung und Pflege statt. Dazu muss ein offener und intensiver Informationsaustausch zwischen Lieferant und Gesundheitsbetrieb erfolgen, der auch eine verstärkte Qualitätskontrolle durch den Lieferanten, anstelle der Wareneingangskontrolle beim Gesundheitsbetrieb umfasst.

Durch die langfristigen Bindungen zu Lieferanten entstehen auch gegenseitige Abhängigkeiten. Werden beispielsweise wichtige medizintechnische Betriebsmittel oder Verbrauchsmaterialien für Behandlung und Pflege nur von einem einzigen Lieferanten bezogen, so besteht die Gefahr, sich zu sehr auf die Leistungsfähigkeit, das Wissen, das Entwicklungspotenzial und die Zuverlässigkeit dieses Lieferanten zu verlassen. Bei kritischen Verbrauchsmaterialien für Behandlung und Pflege bzw. medizintechnischen Betriebsmitteln sollten deshalb nicht nur ein einziger Zulieferer, sondern möglichst mehrere wenige Lieferanten zur Auswahl stehen (siehe **Abbildung 3.4**).

Abbildung 3.4   Strategische Ausrichtungsmöglichkeiten der Lieferan-
                      tenbeziehungen.

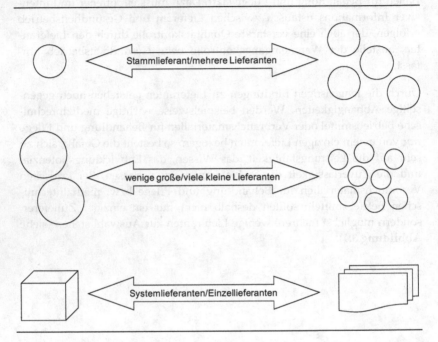

4 Bereitstellungslogistik

4.1 Materiallagerung

Die **Lagerung** von medizinischen Verbrauchsmaterial – insbesondere von Arzneimitteln in Gesundheitsbetrieben – richtet sich nach zahlreichen rechtlichen Rahmenbedingungen, wie beispielsweise dem *Betäubungsmittelgesetz (BtMG)*, der dazugehörigen *Verschreibungsverordnung (BtMVV)*, dem *Arzneimittelgesetz (AMG)*, dem *Chemikaliengesetz (ChemG)*, der *Gefahrstoffverordnung (GefStoffV)* sowie zahlreichen Leitlinien und Empfehlungen von Fachverbänden und Berufsgenossenschaften.

Nach der Richtlinie 4114 – K (1.07) über Maßnahmen zur Sicherung von Betäubungsmittelvorräten im Krankenhausbereich, in öffentlichen Apotheken, Arztpraxen sowie Alten- und Pflegeheimen (Stand: 1.1.2007) des *Bundesinstitut für Arzneimittel und Medizinprodukte - Bundesopiumstelle – (BfArM)* hat jeder Teilnehmer am Betäubungsmittelverkehr die in seinem Besitz befindlichen Betäubungsmittel gesondert aufzubewahren und gegen unbefugte Entnahme zu sichern. Eine ausreichende Sicherung gegen eine unbefugte Entnahme von Betäubungsmitteln ist grundsätzlich nur gewährleistet, wenn die dafür vorgesehenen Behältnisse oder Räumlichkeiten mindestens folgenden Anforderungen für Krankenhaus-Teileinheiten (Stationen oder Ähnliches), Arztpraxen, Alten- und Pflegeheime genügen: „Es sind zertifizierte Wertschutzschränke mit einem Widerstandsgrad 0 oder höher nach EN 1143-1 zu verwenden. Wertschutzschränke mit einem Eigengewicht unter 200 kg sind entsprechend der EN 1143-1 zu verankern. Sog. Einmauerschränke sind in eine geeignete Wand fachgerecht einzubauen. Ausgenommen hiervon ist die Aufbewahrung von Betäubungsmittelmengen, die höchstens den durchschnittlichen Tagesbedarf einer Teileinheit darstellen und ständig griffbereit sein müssen. Diese sind durch Einschließen so zu sichern, dass eine schnelle Entwendung wesentlich erschwert wird."

Die Lagerung übernimmt für den Gesundheitsbetrieb verschiedene Funktionen: Sie schafft einen Ausgleich und Puffer, wenn aus beschaffungslo-

gistischen Gründen mehr Verbrauchsmaterialien beschafft, als für Behand-
lungs- und Pflegemaßnahmen tatsächlich gebraucht werden. Auch dient
sie zur Sicherstellung der Behandlungs- und Pflegemaßnahmen, da in der
Regel im Gesundheitsbetrieb nur zum Teil Klarheit über zukünftige Men-
genbedarfe oder Bedarfs- und Lieferzeitpunkte herrscht, etwa bei planba-
ren Operationen. Bei zu erwartenden extremen Preisschwankungen, besonders niedrigen Einstandspreisen, Mengenrabatten und Größendegres-
sionen durch deutlich sinkende Bestellkosten pro Einheit, übernimmt das
Lager im Gesundheitsbetrieb auch eine mögliche Kostensenkungsfunktion,
wobei die Kostensenkung in ihrer Höhe ungewiss ist. Durch die Rücknah-
me und Sammlung von Mehrwegverpackungen der Verbrauchsmaterialien
für Behandlung- und Pflege, von Wertstoffen, die nach Abschluss von
Behandlungs- und Pflegemaßnahmen der Wieder- bzw. Weiterverwen-
dung, der Verwertung oder der Entsorgung zugeführt werden, sowie der
sicheren Lagerung von medizinischen Chemikalien und Gefahrstoffen,
übernimmt die Lagerung im Gesundheitsbetrieb auch wichtige Funktionen
des Umweltschutzes.

Bei der **Lagerorganisation** im Gesundheitsbetrieb herrschen in der Regel
die Prinzipien der *Festplatzlagerung* (beispielsweise im „Apotheker-
schrank": Das medizinische Vebrauchsmaterial liegt immer auf demselben
Lagerplatz) sowie die *„chaotische" bzw. dynamische Lagerung* (beispielsweise
automatisierte Zentrallagerung in einem Großklinikum: Die Lagerorte für
die Materialien werden nach Abmessungen, Lagerbedingungen, Haltbarkeit, Zugriffshäufigkeit etc. von einem Lagerverwaltungssystem immer
wieder neu vergeben) vor. Entsprechend häufig kommen je nach Beschaffenheit der zu lagernden medizinischen Verbrauchsmaterialien *statische*
Lagersysteme (Schubladenregale, Block- oder Flächenlager etc.) sowie
dynamische Systeme (Paternosterregale, automatisches Behälterlager,
Durchlaufregale nach dem „first-in-first-out-Prinzip" (fifo) etc.) zur Anwendung (siehe **Abbildung 4.1**). Während bei der Festplatzlagerung das
medizinische Verbrauchsmaterial aufgrund der festen Lagerplatzzuord-
nung für die Mitarbeiter des Gesundheitsbetriebs zwar einfach auffindbar
ist, kommt es aufgrund der sich ändernden Lagerbestände und ungenutz-
ten Lagerplätzen zu Auslastungsschwankungen bei den Lagerkapazitäten.
Bei der dynamischen Lagerung ist zwar die Kapazitätsauslastung aufgrund der beliebigen Einlagerung auf einem freien Lagerplatz besser, jedoch erfordert dies eine genaue Lagerübersicht, sowie einen größeren

Aufwand bei der Beachtung von Lagerbeschränkungen und Zusammenla-
gerverbote von Chemikalien und Gefahrgut.

Abbildung 4.1   Regallagerungsschemata nach dem fifo-Prinzip.

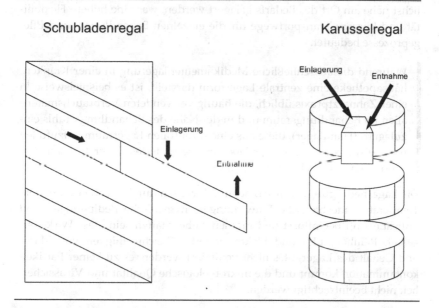

Da die Haltbarkeit von Arzneimitteln eine besondere Rolle bei der Lage-
rung von medizinischem Verbrauchsmaterial spielt, gewinnt das **fifo-
Prinzip** an Bedeutung. Zur besseren Überwachung von Chargen-Nummer,
Laufzeit und Verfallsdatum eignen sich insbesondere schräg angeordnete
Schubläden und Kassetten, bei der die Materialien automatisch zur Bedie-
nerseite in Griffnähe vorrutschen, was gleichzeitig die Lagerdichte erhöht.
Das „last-in-first-out-Prinzip" (lifo), bei dem die zuletzt eingelagerten Verbrauchsmaterialien für Behandlung und Pflege zuerst ausgelagert werden,
ist häufig der Lagerkonstruktion geschuldet und für den Gesundheitsbetrieb ebenso wenig von Bedeutung, wie das „highest-in-first-out-Prinzip"
(hifo) oder „lowest-in-first-out-Prinzip" (lofo), bei denen die Höhe der
Anschaffungs- oder Lagerkosten die Reihenfolge der Auslagerung bestimmen.

Eine ausschließlich *zentrale* Lagerhaltung ist im Gesundheitsbetrieb nahezu unmöglich. Dies würde bedeuten, dass alle Verbrauchsmaterialien für Behandlung und Pflege oder medizintechnischen Betriebsmittel an einem einzigen Ort im Gesundheitsbetrieb gelagert werden. Gebräuchlicher ist hingegen die *dezentrale* Lagerorganisation, bei der die Materialien möglichst nahe am Ort des Bedarfs gelagert werden, was eine höhere Flexibilität und kürzere Transportwege für die einzelnen Behandlungs- und Pflegeprozesse bedeutet.

> Während die ausschließliche Medikamentenlagerung in einer Krankenhausapotheke eine zentrale Lagerform darstellt, ist es beispielsweise in einer Zahnarztpraxis üblich, die häufig verwendeten Verbrauchsmaterialien im Behandlungsraum und in der Nähe des Behandlungsstuhls einzulagern (Handlager), diese aus einem zentralen Lagerraum aufzufüllen und beispielsweise im Eigenlabor ein gesondertes Lager für den dort benötigten technischen Dentalbedarf zu führen.

Die **Lagerbedingungen** für Arzneimittel werden durch Licht, Feuchtigkeit, Temperatur, mechanische Einwirkungen, hygienische Bedingungen und Luftsauerstoff beeinflusst und müssen so beschaffen sein, dass Wirkstoffgehalt, Reinheit, pH- und Elektrolytwerte, Gleichförmigkeit von Masse und Gehalt des Lagergutes nicht verändert werden, es zu keiner Partikelkontamination kommt und die mikrobiologische Qualität und Virussicherheit nicht beeinträchtigt werden.

Daraus ergeben sich Anforderungen an die **Lagerbehältnisse** (Eindosisbehältnisse, Mehrdosenbehältnisse etc.), die das Lagergut vor Verschmutzung, Zersetzung, Lichteinfall etc. schützen, somit den Inhalt nicht verändern und gleichzeitig in geeigneter Weise eine Entnahme ermöglichen.

Lagerkennzahlen für den Gesundheitsbetrieb bieten Möglichkeiten, die Kapazitätsauslastung und Kapitalbindung in den einzelnen Lagereinrichtungen zu überwachen und zu steuern. Es handelt sich dabei um vordefinierte Zahlenrelationen, die durch Kombination von Zahlen aus der Logistik des Gesundheitsbetriebs entstehen, regelmäßig ermittelt werden und aus denen sich Aussagen zu den logistischen Sachverhalten der Lagerhaltung komprimiert und prägnant ableiten lassen (siehe **Tabelle 4.1**).

Tabelle 4.1   Lagerkennzahlen für den Gesundheitsbetrieb.

Kennzahl	Ermittlung	Erläuterung
Lieferbereit- schaftsgrad LBGG	Zeitwert	Er gibt die durchschnittliche Zeitspanne zwischen der Bedarfsanforderung und der Bereitstellung der Verbrauchsmaterialien für Behandlung und Pflege aus dem Lager an.
Lagerumschlags- häufigkeit LUG	LUG = Lagerabgänge ÷ DLBG	Sie gibt das Verhältnis aus Menge an Verbrauchsma- terialien für Behandlung und Pflege pro Zeiteinheit und dem durchschnittlichen Lagerbestand an; geringe Werte deuten auf eine lange Verweildauer der Verbrauchsmaterialien für Behandlung und Pflege und hohe Sicherheitsbe- stände hin.
Lagerreichweite LRWG	LRWG = DLBG ÷ durchschnittl. Periodenver- brauch	Sie zeigt auf, wie lange der durchschnittliche Lagerbe- stand an Verbrauchsmate- rialien für Behandlung und Pflege bei einem durch- schnittlichen Verbrauch ausreicht.
Lagernutzungs- grad LNG	LNG = genutzte Lagerfläche ÷ verfügbare Lagerfläche	Er gibt das Verhältnis von genutzter zu verfügbarer Lagerfläche im Gesund- heitsbetrieb an.

Kennzahl	Ermittlung	Erläuterung
Durchschnittl. Lagerbestand DLBG	DLBG = (Bestand am Jahresanfang + 12 Bestände am Monatsende) ÷ 13	Er gibt an, wie hoch die Vorräte an Verbrauchsmaterialien für Behandlung und Pflege durchschnittlich im Laufe eines Jahres sind.
Durchschnittl. Lagerdauer DLDG	DLDG = (360 x DLBG) ÷ jährlicher Verbrauch	Sie gibt Auskunft, wie lange die Verbrauchsmaterialien für Behandlung und Pflege sowie das für sie benötigte Kapital durchschnittlich im Lager gebunden sind.
Bevorratungsquote BQG	BQG = Anzahl bevorrateter Materialien ÷ Anzahl insgesamt beschaffter Materialien	Sie gibt das Verhältnis der Zahl der bevorrateten zur Gesamtzahl der beschafften Verbrauchsmaterialien für Behandlung und Pflege an.
Vorratsintensität VIG	VIG = (Verbrauchsmaterialien für Behandlung und Pflege x 100 %) ÷ Vermögen des Gesundheitsbetriebs	Gibt Aufschluss über die Kapitalbindung in den Vorräten an Verbrauchsmaterialien für Behandlung und Pflege; ein hoher Wert kann ein Lagerrisiko wegen der Gefahr der Veralterung, des Preisverfalls und des Schwundes darstellen.

Das *Christusträger-Sozialwerk e.V. Alten- und Pflegeheim Morija* verfügt beispielsweise über folgende Lagereinrichtungen: Werkstattlager, zwei Räume für Pflegehilfsmittel, 1 Putzmittel-Lager, Raum für Bewohner-

Möbel, Bettenlager, Waschküche mit Wäschelager, Hauptküche mit Tageslager, Kühlräumen, Gefrierraum, Non-food-Lager und vier weitere Trockenlebensmittellager-Räume, Getränke-Lager, sowie pro Wohngruppe Wäscheraum, Lagerräume, zwei Abstellräume für Rollstühle, Getränke und Müll.

4.2 Materialkommissionierung

Bei der **Materialkommissionierung** im Gesundheitsbetrieb werden aus der (eingelagerten) Gesamtmenge der Verbrauchsmaterialien für Behandlung und Pflege bedarfsorientierte Teilmengen zusammengestellt, die für einzelne Behandlungs- und Pflegemaßnahmen notwendig sind. Dazu lassen sich unterschiedliche Verfahren einsetzen (siehe **Abbildung 4.2**).

In kleineren Gesundheitsbetrieben, wie beispielsweise Arzt- oder Zahnarztpraxen, überwiegen *manuelle* Kommissioniertätigkeiten auf der Basis von Mitarbeiter-zum-Verbrauchsmaterial-Systemen, bei denen einzelne Mitarbeiter des Gesundheitsbetriebs die Verbrauchsmaterialien für Behandlung und Pflege aus Regalen im Behandlungszimmer oder aus Lagerräumen holen. In Krankenhäusern und Pflegeheimen erfolgt die Kommissionierung mitunter mithilfe von Kommissionierlisten, die den Lagerplatz sowie Material und Mengenangaben enthalten. Die angegebene Menge wird entnommen, auf der Liste abgehakt und diese als Grundlage für die Bestandsveränderung in einem Bestandsführungs- oder Lagerverwaltungssystem verwendet. In Großkliniken mit *maschinell* unterstützten Lagereinrichtungen werden die Materialien beispielsweise in der Krankenhausapotheke aus einem vollautomatischen Medikamentenlager auf Anforderung einzeln bereitgestellt. Die Medikamente bzw. das Verbrauchsmaterial kommen in diesem Fall zum Mitarbeiter (Verbrauchsmaterial-zum-Mitarbeiter-Systeme). Daneben gibt es auch technisch unterstützte Kommissioniersysteme, bei denen beispielsweise die PTA einer Klinikapotheke die Medikamentenentnahme per mobiler Datenerfassung (MDE) dokumentiert. Hierbei wird das entnommene Material beispielsweise mithilfe von Barcodes identifiziert und durch eine direkte Verbindung des MDE im Lagerverwaltungssystem registriert. Der Einsatz von MDE-Techniken in Gesundheitsbetrieben, bei der über Batch-Terminals an Do-

ckingstationen Patientendaten, aber auch Transport- oder Kommissionier-
aufträge eingelesen und in der übertragenen Reihenfolge abgearbeitet
werden können und bei denen die Identifizierung der Patienten oder medizinischen Materialien über Barcodelabels und Scanner oder per Chip
(Radio Frequency Identification, RFID) geschieht, ist nicht unumstritten.
So berichtete *H. Krüger-Brand* im *Deutschen Ärzteblatt* von einer Studie
niederländischer Wissenschaftler, bei der nachgewiesen wurde, dass *RFID-*
Etiketten auf einer Intensivstation die Funktion von lebenswichtigen medizinischen Geräten stören können.

Abbildung 4.2   Verfahren der gesundheitsbetrieblichen Materialkommissionierung.

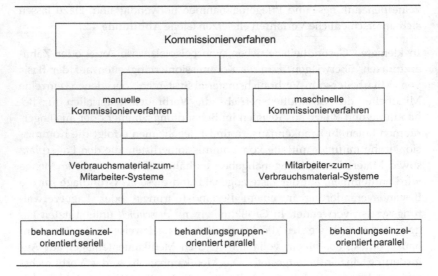

A. Immel-Sehr beschreibt in der *Pharmazeutischen Zeitung* die automatisierte Kommissionierungstechnik folgendermaßen: „Anders als in den
traditionellen Schubladensäulen wird die Ware im Kommissionier-
automat nicht nach dem Alphabet, sondern nach der Packungsgröße
einsortiert. Sie findet dort ihren Platz, wo sie am besten hinpasst. Durch
dieses als »chaotische Lagerung« bezeichnete Prinzip wird der Lager-
raum optimal ausgenutzt. Die Einlagerung kann je nach Anlage manu-

ell, halbautomatisch oder vollautomatisch erfolgen. Bei der manuellen Einlagerung steckt man die zuvor eingescannten Packungen in die vom Computer angezeigten Schächte. Bei der halbautomatischen Einlagerung werden die Packungen von Hand gescannt und ungeordnet zum Beispiel in einer Einlagerungstür abgelegt, von der aus der Roboter sie aufnimmt, vermisst und an einem freien Lagerplatz ablegt. Die vollautomatische Methode erfordert die wenigsten Handgriffe: Man entleert die Ware komplett auf ein Förderband. Alles Weitere erledigt dann der Automat. Wird ein Arzneimittel ... angefordert, so entnimmt es der Roboterarm aus seinem Lagerfach. Mittels ausgefeilter Fördertechnik wie Förderband, Wendelrutsche, Lift oder Rohrpost gelangt es dann an die Ausgabestelle. Je nach Hersteller arbeiten die Roboterarme mit Saug-, Greif- und/oder Schiebetechnik. Die Automaten sind mit allen gängigen Warenwirtschaftssystemen kompatibel und können die Pflege des Warenlagers erheblich unterstützen."

Zu Kommissionierzwecken werden die häufig benötigten Verbrauchsmaterialien weiter vorne gelagert, die selten benötigten Materialien weiter hinten. Bei der *behandlungseinzelorientierten seriellen* Materialkommissionierung erfolgt die Materialzusammenstellung pro Patienten bzw. je Behandlungs- oder Pflegemaßnahme. Mit diesem Verfahren sind jedoch häufig lange Kommissionierzeiten und –wege verbunden, bis die benötigte Teilmenge an Verbrauchsmaterialien zusammengestellt ist. Bei der *behandlungseinzelorientierten parallelen* Materialkommissionierung wird entsprechend der einzelnen Läger getrennt und in jedem Lager direkt und vollständig alles benötigte zusammengestellt und anschließend patienten- bzw. behandlungsorientiert zusammengeführt, was die Kommissionierzeiten und -wege verkürzt. Die *behandlungsgruppenorientierte parallele* Materialkommissionierung fasst Patientengruppen oder Gruppen von Behandlungs- bzw. Pflegemaßnahmen zusammen und führt für diese Gruppen die Kommissionierung durch, was einerseits zwar die Kommissionierzeiten und -wege erheblich verkürzt, andererseits aber einen erhöhten Aufwand für die anschließende Aufteilung auf die einzelnen Patienten bzw. Behandlungsmaßnahmen verursacht (siehe **Abbildung 4.3**).

Abbildung 4.3   Behandlungseinzel- und gruppenorientierte Kommissionierung.

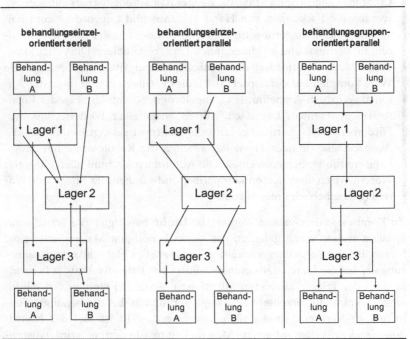

Das **Unit-Dose-System** stellt eine patientenindividuelle Arzneimittelversorgung dar, bei der vorgeschnittene Tablettenblister, Ampullen, Kurz-Infusionen und Spritzen in Einzelverpackungen bereitgestellt, mit einem Barcode versehen und beispielsweise an die Stationen eines Krankenhauses abgegeben werden. Bei dem Unit-Dose-System handelt es sich um ein Verbrauchsmaterial-zum-Mitarbeiter-System, bei dem die Kommissionierung manuell oder anhand elektronischer Verordnungsdaten automatisch erfolgt und Medikament bzw. Patient beispielsweise mit Barcode-Lesern verifiziert werden. Auf diese Weise lassen sich tägliche Medikationen aus sorten- bzw. chargenreinen Lagerbeständen zusammenstellen und nicht verabreichte Medikamente könne wieder eingelagert und verwendet werden (siehe **Abbildung 4.4**). Zu den wichtigsten Vorteilen eines Unit-Dose-Systems zählen

■ Reduzierung der Rate an Medikationsfehlern,

■ Erhöhung der Patientensicherheit,

■ höhere Lagerdichte,

■ Reduzierung des Arzneimittelschwunds durch konsequente Überwachung von Verfallsdaten und der Verwendung der Arzneimittel,

■ Bestandsreduzierung auf den Stationen,

■ Wiederverwendung des Präparats durch Verbleib im Blister,

■ Reduzierung des Aufwands für die Medikationsbereitstellung,

■ Verringerung der Arzneimittelkosten durch geringeren Verbrauch und weniger Arzneimittelarten.

Abbildung 4.4 Ablauf der Materialkommissionierung bei einem Unit-Dose-System.

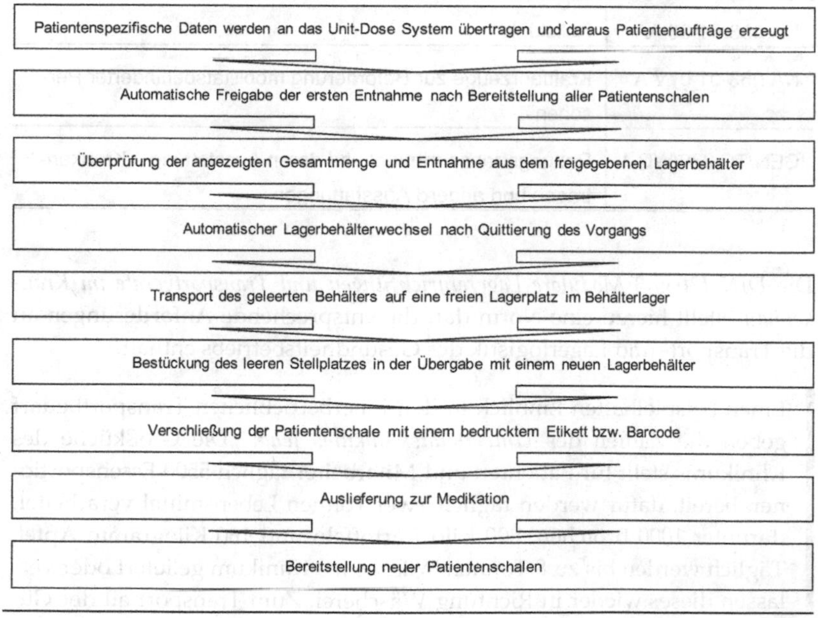

Patientenspezifische Daten werden an das Unit-Dose System übertragen und daraus Patientenaufträge erzeugt

Automatische Freigabe der ersten Entnahme nach Bereitstellung aller Patientenschalen

Überprüfung der angezeigten Gesamtmenge und Entnahme aus dem freigegebenen Lagerbehälter

Automatischer Lagerbehälterwechsel nach Quittierung des Vorgangs

Transport des geleerten Behälters auf eine freien Lagerplatz im Behälterlager

Bestückung des leeren Stellplatzes in der Übergabe mit einem neuen Lagerbehälter

Verschließung der Patientenschale mit einem bedrucktem Etikett bzw. Barcode

Auslieferung zur Medikation

Bereitstellung neuer Patientenschalen

4.3   Transportwesen

Der **Transport** von Verbrauchsmaterialien für Behandlung und Pflege, aber auch von Patienten unterliegt verschiedenen Standards und Normen. So befassen sich beispielsweise im *Normenausschuss Rettungsdienst und Krankenhaus (NARK)* des *Deutschen Instituts für Normung e.V. (DIN)* verschiedene Gremien mit logistischen Transportfragen (siehe **Tabelle 4.2**).

Tabelle 4.2   Beispiele für Transportnormierungsgremien des NARK.

Gremium	Aufgabengebiet
NA 053-01-02 AA	Krankenkraftwagen und deren medizinische und technische Ausstattung
NA 053-01-03 AA	Luftfahrzeuge zum Patiententransport
NA 053-01-05 AA	Lifter
NA 053-01-06 AA	Rollstühle
NA 053-01-07 AA	Kraftfahrzeuge zur Beförderung mobilitätsbehinderter Personen
CEN/TC 239/WG 1	Rettungstransportmittel und deren Ausstattung – Krankentragen und andere Ausstattungen

Die *DIN 13089-3 Modulare Lagereinrichtungen und Transportgeräte im Krankenhaus* stellt hierzu eine Norm dar, die entsprechende Anforderungen an die Transport- und Lagerlogistik des Gesundheitsbetriebs enthält.

Einen beispielhaften Einblick in den innerbetrieblichen Transportbedarf geben die Zahlen des *Universitätsklinikums Jena*: „Die Großküche des Klinikums stellt für Patienten und Mitarbeiter täglich 5500 Essensportionen bereit, dafür werden täglich zwei Tonnen Lebensmittel verarbeitet, darunter 1000 Brötchen, 300 Kilo Kartoffeln und 160 Kilogramm Äpfel. Täglich werden bis zu 8 Tonnen Wäsche ins Klinikum geliefert oder verlassen dieses wieder in Richtung Wäscherei. Zum Transport all der Güter, der Speisen und auch zur Abfallentsorgung legen allein im Neubau die dort eingesetzten 24 Transportroboter täglich etwa 280 Kilometer zurück."

Zur Unterstützung des innerbetrieblichen Transports von medizinischem Verbrauchsmaterial, aber auch von anderen Gütern im Rahmen der Ver- und Entsorgung von Gesundheitsbetrieben lassen sich insbesondere in größeren Einrichtungen **Fördersysteme** einsetzen.

Rohrpostsysteme ermöglichen den kurzfristigen Transport von leichten, kleinformatigen medizinischen Gütern (Arzneimittel, Laborproben, sensitive medizinische Güter, Dokumente etc.) über Kurzstrecken oder weitere Wege, ebenerdig, unterirdisch oder über mehrere Etagen in festen Transportbüchsen oder Einwegbeuteln. Die Transportgeschwindigkeit beträgt dabei mehrerer Meter pro Sekunde und das maximales Transportgewicht ca. acht kg. Der automatisierte und optimierte Materialfluss entlastet insbesondere das Pflegepersonal von zeitaufwendigen Botengängen. Der Austausch eventuell kontaminierter Luft innerhalb von verschiedenen Bereichen eines Gesundheitsbetriebs lässt sich durch eine entsprechende Ein- und Ausschleustechnik vermeiden.

Schienengebundene Fördersysteme bestehen aus Förderbehältern, die sich auf einem Basisfahrwerk über ein Schienennetz bewegen. Sie lassen sich ebenso wie Rohrpostsysteme über eine horizontal oder vertikal verlaufende Streckenführung einsetzen und zeichnen sich durch reduzierten Platzbedarf aus. Sie eignen sich ebenso für den Transport von Medikamenten, Laborproben, Blutkonserven, Akten oder Sterilgut. Je nach Transportbehälter lassen sich Hygieneanforderungen durch automatisierte Ultraschall- oder Nassdesinfektion erfüllen, wobei durch ein größeres Transportgewicht und -volumen (bis zu 50 kg) die Vorteile der Rohrpost mit denen von Kastenförderanlagen kombiniert werden.

Fahrerlose Transportsysteme (FTS) rationalisieren die Materialströme in Gesundheitsbetrieben. Sie ermöglichen für planbare innerbetriebliche Materialtransporte (Wäschever- und -entsorgung, Verpflegungsbereitstellung etc.) Zeitpunkt, Gegenstand und Behältnis frühzeitig zu definieren. Mithilfe von bis zu 500 kg fassenden Containern, Laser-Navigationssystemen zur Erkennung von Gebäudekonturen und Hindernissen sowie elektronischen

Be- und Entladeeinrichtungen lässt sich bei geringem Platzbedarf der logistische Materialfluss im Gesundheitsbetrieb automatisieren.

Eine besondere Rolle spielen geeignete **Transportbehälter** beim Materialtransport in Gesundheitsbetrieben. Insbesondere im Bereich der Hygiene und medizinischen Mikrobiologie sind geeignete Transportmedien und -gefäße wichtig (siehe **Tabelle 4.3**).

Tabelle 4.3   Transportmedien und -gefäße im Bereich der Hygiene und medizinischen Mikrobiologie.

Transportmedium / -gefäß	Verwendung
PEDS Medium	angereicherte Trypticase-Soja-Bouillon mit Zusatz von Kunstharzen zur Inaktivierung von Antibiotika; speziell entwickelt für die Blutkulturdiagnostik bei Säuglingen und Kleinkindern
Aerobes Medium	angereicherte Trypticase-Soja-Bouillon mit Zusatz von Kunstharzen zur Inaktivierung von Antibiotika
Anaerobes Medium	angereicherte Trypticase-Soja-Bouillon mit Zusatz von Kunstharzen zur Inaktivierung von Antibiotika
Port-A-Cul	Transportmedium für anaerobe Keime; geeignet insbesondere für Punktatmaterialien, aber auch für Abstriche; Glasröhrchen mit schwarzer Verschlusskappe
Röhrchen mit Schraubverschluss 13ml	universelles Transportgefäß für flüssige Untersuchungsmaterialien (Liquor, Respirationstrakt, Urin etc.), steril
Sputumröhrchen, weitlumig mit Schraubverschluss	Auffang- und Transportgefäß für Sputum

Transportmedium / -gefäß	Verwendung
Stuhlröhrchen mit flachem Boden und Löffel	Transportgefäß für Stuhlproben
Transwab	universeller Abstrichtupfer mit Amies-Transportmedium
Urin-Monovette 10ml Luer	Standard-Transportgefäß für Urin

Zur Optimierung innerbetrieblicher Transporte in Gesundheitsbetrieben tragen auch elektronische Systeme zur Transportdisposition bei, die die jeweils optimale Zuordnung der vorhandenen Transportaufträge zu geeigneten Läufern und Fahrzeugen errechnen und die notwendige Kommunikation über Mobiltelefone, Handhelds, Piepser, Pager und Datenfunkterminals sicherstellen. Transportschiebedienste oder Dienste mit speziellen Fahrzeugen befördern Patienten zwischen Bettenstationen und Behandlungs- oder Untersuchungsräumen. Offene Transportaufträge sind den jeweils verfügbaren Transportteams unter Berücksichtigung ihrer räumlichen und zeitlichen Nähe zuzuteilen, wobei üblicherweise für jedes Team verschiedene Aufträge zu einer Tour gebündelt werden. Da der Patient häufig verschiedene Funktionsbereiche beansprucht, in denen diagnostische oder therapeutische Leistungen erbracht werden, können zwischen den einzelnen Behandlungsmaßnahmen Wartezeiten zustande kommen, weil der Transportdienst den Patienten nicht zur gewünschten Zeit abholt. Die Koordination dieser Transporte hat erhebliche Auswirkungen auf viele Bereiche des Gesundheitsbetriebs, wenn es hierbei beispielsweise zu Verzögerungen kommt. Gleichzeitig sollen die Betriebskosten durch möglichst kurze Touren, gleichmäßige Auslastung der Transportressourcen und weitgehende Vermeidung von Leerfahrten minimiert werden. Softwaregesteuertes Transportsysteme berechnen auf der Basis mathematischer Optimierungsverfahren die Reihenfolge der anzufahrenden Abhol- und Zielorte sowie die geplanten Ankunftszeiten, arbeiten neue, kurzfristig angeforderte Transportaufträge ein, überarbeiten die Tourenpläne in Echtzeit und unterstützen damit den Disponenten bei seinen Entscheidungen.

Am *Carl-Thiem-Klinikum Cottbus* kommt ein softwaregesteuertes Transportsystem zum Einsatz. Es übernimmt die Steuerung und das Management aller internen Patienten- und Materialtransporte. Dazu waren technische Voraussetzungen zu schaffen, Mobilfunkgeräte zu installieren, Stammdaten wie Stellenverzeichnisse, Stellenprioritäten, Schichtzeiten, Personal etc. einzugeben und vieles andere mehr. Mit dem System werden täglich ca. 450 Transportaufträge abgewickelt. Als Vorteile werden insbesondere genannt, dass die Transportaufträge nicht mehr telefonisch, sondern nur noch auf dem Bildschirm in einer Leitzentrale eingehen, dort zu jedem Zeitpunkt einsehbar ist, wo sich die Mitarbeiter befinden, diese über Black Berry erreichbar sind, sich mit geringem Zeitverlust ein Transport nach dem anderen koordiniert realisieren lässt, Arbeitszeit durch die zeitliche Verkürzung von Auftragsbearbeitungen freigesetzt wird. Allerdings wird auch klar, dass die Qualität des innerbetrieblichen Patiententransports auch abhängt, von der rechtzeitigen, fehlerfreien Eingabe von Aufträgen, der Vorbereitung des Patienten auf den Transport, einer optimalen Disposition in der Leitstelle, einem verantwortungsbewussten, engagierten und freundlichen Transporteur und vor allem von einer Personalstärke, die eine pünktliche Erledigung gewährleistet.

5 Leistungserstellungslogistik

5.1 Theorie der Leistungserstellung im Gesundheitsbetrieb

Einerseits lässt sich die Leistungserstellung im Gesundheitsbetrieb (Behandlungsleistungen, Pflegeleistungen, Patientenserviceleistungen etc.) als eine Phase des betrieblichen Prozesses definieren, die zwischen der Beschaffung der Einsatzfaktoren (medizinisches Personal, medizinische Verbrauchsmaterialien etc.) und der Absatzwirtschaft (beispielsweise das Marketing von Gesundheitsbetrieben) angesiedelt ist. Andererseits stellt die Leistungserstellung wie jedes betriebliche Geschehen einen **Faktorkombinationsprozess** dar, bei dem die Einsatzfaktoren zum Zwecke der Leistungserstellung miteinander kombiniert werden (siehe **Abbildung 5.1**).

In Anlehnung an eine Definition von W. *Haak* lässt sich die Leistungserstellung als „…die sich in (gesundheits-)betrieblichen Systemen vollziehende Bildung von Faktorkombinationen im Sinne einer Anwendung (medizin-)technischer oder konzeptioneller Verfahren zur Veränderung von dem (Gesundheits-)betrieb zur Verfügung stehender Einsatzgüter in absetzbare Leistungen nach Maßgabe der gesundheits-)betrieblichen Formal- und Sachziele…" beschreiben.

Der Faktoreneinsatz beim *Input* erschöpft sich nicht auf Repetierfaktoren bzw. Bestandsfaktoren wie beispielsweise Betriebs- und Heilmittel, sondern wird durch den *dispositiven* Faktor (Planung, Leitung, Organisation, Kontrolle) im Rahmen der menschlichen Arbeit ergänzt. Er spielt gerade im Gesundheitsbetrieb eine wichtige Rolle, da er auf den Faktorkombinationsprozess gestalterisch einwirkt und ihn wesentlich beeinflusst. Vereinfacht ausgedrückt: Der Behandlungserfolg hängt wesentlich von den Entscheidungen des Arztes über den Einsatz von medizinischen Betriebs- und Heilmitteln ab.

Abbildung 5.1   Faktorenkombination im Leistungserstellungsprozess
des Gesundheitsbetriebs.

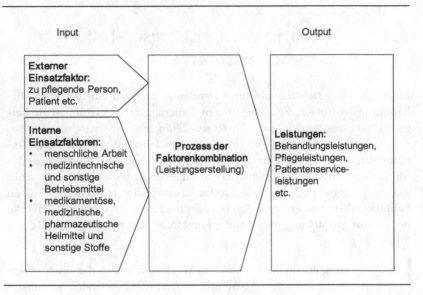

Input   Output

**Externer
Einsatzfaktor:**
zu pflegende Person,
Patient etc.

**Interne
Einsatzfaktoren:**
• menschliche Arbeit
• medizintechnische
  und sonstige
  Betriebsmittel
• medikamentöse,
  medizinische,
  pharmazeutische
  Heilmittel und
  sonstige Stoffe

**Prozess der
Faktorenkombination**
(Leistungserstellung)

Leistungen:
Behandlungsleistungen,
Pflegeleistungen,
Patientenservice-
leistungen
etc.

Eine mindestens ebenso große Bedeutung erlangt die Einbeziehung eines
externen Faktors als Abnehmer der erstellten Leistung im Gesundheitsbetrieb: Der Patient wird einbezogen. Er entzieht sich weitestgehend einer
von ihm unabhängigen Disponierbarkeit im Faktorkombinationsprozess,
die im Falle der medizinischen Betriebs- und Heilmittel und der menschlichen Arbeit in der Regel gegeben ist.

T. Parsons beschreibt die passive und aktive Rolle des Patienten als externen, menschlichen Faktor und damit als Nachfrager bei der Erstellung
von Gesundheitsleistungen in seinen bereits 1965 erstmalig erschienenen
medizinsoziologischen Betrachtungen. Vergleichbar mit der Faktoren-
diskussion in Dienstleistungsbetrieben nach *H. Corsten* kommt dem Patienten noch größere Bedeutung zu: Er stellt die eigentliche „causa
efficiens" für die Entstehung der Behandlungsleistung dar.

Der *Output* des Faktorkombinationsprozesses im Gesundheitsbetrieb, die
Behandlungs-, Pflege-, Patientenservice- und sonstigen Leistungen, ist

somit weitestgehend abhängig von der zeit- und mengenmäßigen Nachfrage des Patienten als externen Faktor. Diese Nachfrage ist mit großen Unsicherheiten verbunden und birgt die Gefahr, dass vorgehaltene und bereitgestellte Leistungen (Notdienste, Rufbereitschaften, Sprechstunden etc.) ungenutzt bleiben und sogenannte Leerkosten verursachen. Allerdings stellt der medizinische Bereitschaftsdienst an sich eine gewünschte Leistung dar, die auch unabhängig von ihrer Nutzung und Auslastung betrachtet werden kann und muss.

Ferner schließt der Output beispielsweise auch die Veränderung oder Erhaltung des Gesundheitszustandes des Patienten ein, denn eine Behandlungsleistung ist in der Regel erst dann beendet, wenn der gewünschte Zustand eingetreten ist, oder sie kann dauerhaft erforderlich sein (chronische Erkrankungen, Pflegefälle etc.).

Die **Produktivität** zählt sicherlich zu den umstrittensten Begriffen im gesamten Gesundheitswesen. Im Allgemeinen wird sie mit dem Verhältnis von Output zu Input als Quotient der einander zahlenmäßig gegenübergestellten Größen wiedergegeben. Bei dieser Art der Betrachtung würden jedoch alle Einsatzfaktoren *gemeinsam* einen Beitrag zu einer Erhöhung des gesundheitsbetrieblichen Outputs liefern und eine verursachungsgerechte Zuordnung einzelner Faktoren auf die Leistungsverbesserung wäre nicht möglich.

Im Vergleich zu produzierenden Betrieben, bei denen der technische Fortschritt oder hoher Kapitaleinsatz relativ leicht einen Produktivitätszuwachs bewirken können, überwiegt in Gesundheitsbetrieben zudem der menschliche Arbeitseinsatz, was bei vergleichsweise langwierigen medizin-technologischen oder pharmazeutischen Entwicklungen in der Regel auch nur verzögerte bzw. geringere Produktivitätszuwächse bedeuten kann. Ferner erscheint ein Produktivitätszuwachs auch nur dann sinnvoll, wenn dieser ohne Verluste bei der Behandlungsqualität zu erzielen ist (siehe **Abbildung 5.2**).

Da der Patient eine Behandlungsleistung beispielsweise von einem bestimmten Arzt erbracht haben möchte, kann auch nicht sichergestellt werden, dass sich der Input hinsichtlich Qualität, Mengen- und Zeiteinsatz homogen darstellt, da jede Arbeitskraft im Gesundheitsbetrieb über ein unterschiedliches, individuelles Leistungsvermögen verfügt.

> Übliche Produktivitätskennzahlen drücken sich beispielsweise in Pflege-
> tage je Mitarbeiter oder Behandlungen pro Praxisarbeitstag aus. *L. Sem-*
> *per* zeigte in seiner 1982 erstellten Dissertation *„Produktivitätsanalysen für*
> *kommunale Dienstleistungen"* jedoch, dass steigende Behandlungsfallzah-
> len bei *gleichzeitig* abnehmenden Heilungsgrad keineswegs als Produkti-
> vitätssteigerung gesehen werden können.

Neben der individuellen Beeinflussung durch den externen Faktor ist auch
der Nutzungsgrad der bereitgestellten Leistungen in die Produktivitäts-
überlegungen einzubeziehen. Mit einer Steigerung ungenutzter Leistungen
würde sich schließlich auch eine rechnerische Produktivitätserhöhung
erzielen lassen, dies wäre aber weder im Sinne des Gesundheitsbetriebs,
noch des Patienten, der diese Leistungen ja auch nicht nachfragen würde.

Abbildung 5.2   Produktivitätsbegriff des Gesundheitsbetriebs.

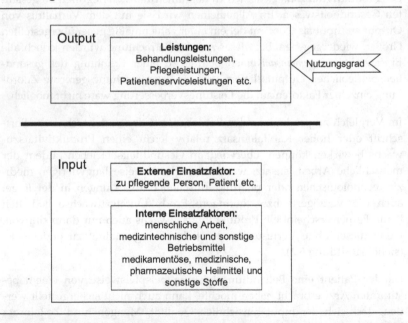

Versucht man nun eine Antwort auf die Frage zu finden, wie sich dennoch
die Produktivität im Gesundheitsbetrieb ohne Qualitätsabnahme und trotz

begrenzter Einflussmöglichkeiten auf die menschliche Arbeit als Einsatzfaktor und dem externen Einsatzfaktor „Patient" steigern lässt, so ergeben
sich folgende Ansatzpunkte:

- Stärkere „Einbeziehung" des Patienten in den Behandlungsprozess
  (beispielsweise durch frühestmögliche Entlassung aus dem Krankenhaus und Nutzung der häuslichen Regenerationsmöglichkeiten, verstärkte Prophylaxe, Erhöhung des Patientenanteils an Rehabilitations-
  prozessen, verstärkte Nutzung von eHealth-Instrumenten, statt Vor-
  Ort-Präsenz in der Arztpraxis etc.): Dadurch werden „Aktivitäten" von
  dem Gesundheitsbetrieb auf den Patienten verlagert, was zudem die
  Unsicherheit hinsichtlich des Nutzungsgrades reduziert. In Bezug auf
  die Produktivität bedeutet dies eine Umschichtung von den internen
  Einsatzfaktoren hin zum externen Faktor bei insgesamt gleich bleiben-
  den Input und einer beabsichtigten Erhöhung des Outputs.

- Verbesserung der Mitarbeiterentwicklung durch Verbesserung ihrer
  Fähigkeiten und Fertigkeiten sowie das Schließen von Wissenslücken
  und den Ausgleich von Informationsdefiziten: Dadurch wird die
  menschliche Arbeit auf der Inputseite aufgewertet, was sich durch eine
  Verringerung des Arbeitseinsatzes, von Arbeitsmengen und -zeiten bei
  gleich bleibendem Leistungsumfang ausdrücken kann.

- Maßnahmen zur Prozessoptimierung (beispielsweise durch schlankere
  Abläufe, Vermeidung von Doppeluntersuchungen, Entlastung der Ärzte von Dokumentationsaufgaben etc.). Dadurch wird die menschliche
  Arbeit als Einsatzfaktor auf der Inputseite entlastet, was wiederum zu
  einer Verringerung des Faktoreinsatzes führen kann.

- Verstärkte Berücksichtigung der medizintechnologischen Entwicklung
  durch Anwendung zeitgemäßer Behandlungsmaßnahmen, fortschrittli-
  cher Heilmittel und neuer Medizintechnik. Auch dadurch wird auf der
  Inputseite der Betriebsmitteleinsatz optimiert und die menschliche Arbeitskraft als Einsatzfaktor entlastet.

Leistungserstellungsfunktionen im Gesundheitsbetrieb weisen eine hohe
Individualität auf, weswegen sich die Aufstellung einer mathematisch
formulierten Input-Output-Beziehung, vergleichbar einer Produktions-
funktion, als schwierig erweist. Ebenso problematisch erscheint es, die
Gültigkeit der betriebswirtschaftlichen Produktionstheorie, die für die

Sachgütererstellung formuliert wurde, ohne Weiteres auf die Leistungserstellung im Gesundheitsbetrieb zu übertragen.

Die Leistungserstellung im Gesundheitsbetrieb befasst sich mit allen Maßnahmen zur Erhaltung, Stabilisierung und Wiederherstellung der Gesundheit, worunter alle medizinischen Untersuchungs- und Behandlungsmaßnahmen, aber auch Maßnahmen der Pflege, der Rehabilitation und Vorbeugung zu verstehen sind. Während präventive Maßnahmen und Leistungen (Vorsorgeuntersuchungen, Dentalhygiene, Sehschule etc.) weitestgehend planbar sind, handelt es sich bei Maßnahmen im Rahmen von
Akut-Versorgungen oder aus Anlass von gesundheitlichen Beschwerden
um Leistungen, die einen verringerten Planbarkeitsgrad aufweisen bzw. –
zumindest was den Zeitpunkt der Inanspruchnahme dieser Leistungen
betrifft – sogar nicht planbar sein können.

Der **Diagnostik** kommt bei der Leistungserstellung im Gesundheitsbetrieb
eine besondere Aufgabe zu: Sie umfasst die genaue Zuordnung von Zei-
chen, Befunden oder Symptomen durch Anamnese, Funktionsuntersu-
chungen, Sonografie, Endoskopie, Druckmessungen, Laboranalytik von
Blutwerten, bildgebende Verfahren (beispielsweise durch Röntgendiagnos-
tik, Computertomographie (CT), Magnetresonanztomographie (MRT) etc.)
zu einem Krankheitsbild oder einer Symptomatik und liefert Informationen über den Gesundheitszustand des Patienten bzw. erforderliche Be-
handlungsaktivitäten.

Auf der Grundlage der Diagnoseergebnisse können zum einen Maßnahmen der **Prophylaxe** ergriffen werden, um Krankheiten vorzubeugen:

■ Verbesserung des allgemeinen Gesundheitszustand und Vermeidung
der Entstehung von Krankheiten (primäre Prophylaxe beispielsweise
durch Impfungen zum Schutz von Infektionskrankheiten).

■ Früherkennung von Krankheiten und möglichst frühzeitige Behandlung (sekundäre Prophylaxe beispielsweise durch Krebsvorsorge).

■ Vorbeugung vor Rückfallerkrankungen, Vermeidung von Folgestörun-
gen, Linderung chronischer Erkrankungen (tertiäre Prophylaxe beispielsweise durch Rehabilitation).

Zum anderen liefert die Diagnose die Grundlage für die **Therapie** und damit Behandlungsmaßnahmen wie beispielsweise die direkte Einwirkung auf den Patientenkörper im Rahmen der Chirurgie, die Medikamentenverabreichung in der Inneren Medizin, die Physiotherapie, Psychotherapie, Ergotherapie, Pharmakotherapie, Chemotherapie, Strahlentherapie, Lichttherapie und vieles andere mehr, um die Heilung, Beseitigung oder Linderung der Krankheitssymptome und die Wiederherstellung der Körperfunktionen zu erreichen.

Versteht man alle Maßnahmen im Rahmen von Diagnostik, Prophylaxe und Therapie leistungstheoretisch als Kombinationsprozess von *internen* und *externen* Einsatzfaktoren, so lässt sich ein leistungstheoretisches *Modell* aufstellen. Es besteht aus einer Anzahl von Teilfunktionen, da es aufgrund der Heterogenität der unterschiedlichen Diagnose-, Prophylaxe- und Therapieaktivitäten, der Vielfältigkeit von medizinischen Heil- und Betriebsmitteln, der möglichen Qualitätsunterschiede menschlicher, medizinischer Arbeit sowie der Patienten, mit ihrer individuellen Befund- und Krankheitssituation, kaum möglich ist, eine *einheitliche* Leistungserstellungsfunktion zu formulieren. Daher wird für jede (Behandlungs-)Maßnahme im Rahmen der Leistungserstellung, die sich an den Patienten richtet und sich von anderen qualitativ unterscheidet, eine eigene Teilfunktion formuliert (siehe **Tabelle 5.1**).

Tabelle 5.1 Modell der Leistungserstellungsfunktionen im Gesundheitsbetrieb.

Leistungen Patienten	Diagnostik D	Prophylaxe P	Therapie T	...	n
1	LFD1	LFP1	LFT1	...	LFn1
2	LFD2	LFP2	LFT2	...	LFn2
3	LFD3	LFP3	LFT3	...	LFn3
...	...	...	...	...	...
i	LFDi	LFPi	LFTi	...	LFni

LF = Leistungserstellungsfunktion

Da im Rahmen von Diagnostik, Prophylaxe und Therapie in der Regel jeweils auch mehrere Diagnostik-, Prophylaxe- und Therapieleistungen erstellt werden, ist die Anzahl der Teilfunktionen auch wesentlich höher, wobei jede einzelne Funktion eine genau definierte Faktorkombination darstellt, deren Input aus dem mengenmäßigen Verzehr der Einsatzfaktoren und deren Output aus einer Leistungseinheit besteht.

5.2   Planung des Einsatzes medizintechnischer Betriebsmittel

Die **Betriebsmittel** eines Gesundheitsbetriebs setzen sich aus der gesamten medizintechnischen Ausstattung zusammen, die für die betriebliche Leistungserstellung benötigt wird, und übernehmen Hilfs-, Schutz- und Ersatzfunktionen menschlicher medizinischer und pflegerischer Arbeit. Sie lassen sich hinsichtlich ihres Beitrags zur Leistungserstellung in folgende Gruppen einteilen (siehe **Tabelle 5.2**).

Tabelle 5.2   Systematisierung der Betriebsmittel des Gesundheitsbetriebs.

Betriebsmittelarten	Beispiele
Betriebsmittel mit direkter Beteilung an der Leistungserstellung des Gesundheitsbetriebs und eigener Leistungserbringung	Therapiesysteme für Strahlentherapie und Urologie, Systeme zur Stoßwellentherapie, Anästhesiegeräte, Inkubatoren etc.
Betriebsmittel mit direkter Beteilung an der Leistungserstellung des Gesundheitsbetriebs, ohne eigene Leistungserbringung	Laborsysteme, klinisch-chemische Analysesysteme, Diagnostiksysteme der Angiographie, Computertomographie, Fluoroskopie, Magnetresonanztomographie, Mammographie, molekulare Bildgebung – Nuklearmedizin, Radiographie, Ultraschalldiagnostik, Chirurgie-Systeme etc.

Betriebsmittelarten	Beispiele
Betriebsmittel ohne direkte Beteilung an der Leistungserstellung des Gesundheitsbetriebs	Grundstücke, Gebäude, sonstige Betriebsausstattung etc.

Der Dental-Laser eines Zahnarztes stellt ein Betriebsmittel mit direkter Beteilung an der Leistungserstellung der Zahnarztpraxis und eine eigene Leistungserbringung dar. Bei dem Behandlungsstuhl handelt es sich um ein Betriebsmittel mit direkter Beteilung an der Leistungserstellung. Es liegt aber keine eigene Leistungserbringung vor. Das Behandlungszimmer schließlich stellt ein Betriebsmittel ohne direkte Beteilung an der Leistungserstellung dar.

Während der Einsatz von Betriebsmitteln beispielsweise in der industriellen Produktion häufig aus Rationalisierungs- und Produktivitätssteigerungsüberlegungen heraus erfolgt, überwiegen in Gesundheitsbetrieben die Motive der Behandlungs- und Pflegequalität und der Nutzung des medizintechnischen Fortschritts zu einer genaueren Diagnostik sowie einer verbesserten Erzielung von Behandlungserfolgen.

So kommt der technische Fortschritt bei der Entwicklung neuer medizintechnologischer Betriebsmittel nicht unbedingt dadurch zum Ausdruck, dass Leistungen mit niedrigeren Kosten oder bei gleichen Kosten höhere Leistungsgrade erzielt werden sollen, sondern in erster Linie durch verbesserte oder neuartige Leistungen für den Behandlungseinsatz. Die Berücksichtigung des technischen Fortschritts bei medizintechnischen Betriebsmitteln stellt somit nicht nur eine Kostenfrage dar, die durch die Investitionsrechnung zu lösen ist. Ihre Einführung kann für den Gesundheitsbetrieb als notwendig erachtet werden, um seine Konkurrenzfähigkeit sicherzustellen, und um bestmögliche Behandlungserfolge zu erzielen. Dazu leistet die Medizintechnik einen wichtigen Beitrag, durch die Entwicklung schneller, präziser und schonender Diagnoseverfahren sowie neuer Therapieverfahren mit geringeren Nebenwirkungen.

Medizintechnische Betriebsmittel zeichnen sich durch ein hohes zukünftiges Nutzungspotenzial und durch die enge Kooperation von Wissenschaft und Wirtschaft bei der anwendungsorientierten Grundlagenforschung aus. Medizintechnische Forschungen und Entwicklungen werden überwiegend am anwendungs- und patientenorientierten Bedarf ausgerichtet und auch öffentlich gefördert. An besonderer Bedeutung gewinnt dabei die Entwicklung von Methoden und Instrumenten zur Evaluation bzw. zur Bewertung medizinischer und medizintechnischer Verfahren.

> Nach Angaben des *Bundesministeriums für Bildung und Forschung (Studie zur Situation der Medizintechnik)* werden beispielsweise mehrere Verbünde auf dem Gebiet der anwendungsorientierten Forschung in der Molekularen Bildgebung gefördert: „Unter dem Begriff „Molekulare Bildgebung" werden dabei all jene Verfahren verstanden, die Methoden der Molekular- und Zellbiologie mit Technologien der morphologischen, nicht-invasiven Bildgebung kombinieren, um über Lage, Größe und Struktur hinausgehende Informationen über spezifische funktionelle Abläufe auf molekularer und zellulärer Ebene im lebenden Organismus zu erhalten und sichtbar zu machen. Ziel ist eine frühere Diagnose sowie eine verbesserte Klassifizierung und Prognose von Krankheiten auf nicht invasivem Wege. Ferner entwickelt sich die molekulare Bildgebung zu einem wichtigen Werkzeug zur Untersuchung grundlegender Mechanismen der Krankheitsentstehung und zur Entwicklung neuer Therapien. Dazu ist eine enge Zusammenarbeit verschiedener Disziplinen aus dem naturwissenschaftlichen, ingenieurwissenschaftlichen und medizinischen Bereich sowie von akademischer und industrieller Forschung erforderlich. Die Verbünde beschäftigen sich unter anderem mit Fragen zur Methoden- und Geräteanpassung, Entwicklung und Anwendung molekularer Sonden sowie präklinischer und klinischer Validierung einer konkreten Anwendung."

Nur begrenzt führt der technische Fortschritt von Betriebsmitteln in Gesundheitsbetrieben dazu, dass durch Mechanisierung, Elektrifizierung oder Digitalisierung manuelle Arbeiten des medizinischen oder pflegerischen Personals von medizinisch-technischen Geräten übernommen werden können. Ist dies dennoch der Fall, so entsteht häufig ein zusätzlicher Aufwand für die Überwachung und Sicherstellung der Funktionsfähigkeit der eingesetzten Medizintechnik. Ebenso geht die vermehrte Automatisierung, soweit sie überhaupt möglich ist, in der Regel mit einer höheren körperlichen Belastung durch geistig-nervliche Anspannung, ständige

Wachsamkeit und dauernde Bereitschaft für den Fall von technischen Störungen, die gesundheitsschädigende oder gar lebensbedrohliche Auswirkungen haben können, einher.

Die *Nutzungsdauer* von Betriebsmitteln in Gesundheitsbetrieben richtet sich nach dem Leistungspotenzial der eingesetzten Medizintechnik, ihrer Belastung, Verschleißanfälligkeit, Wartung und Instandhaltung. Neben der technischen Nutzungsdauer ist die wirtschaftliche Nutzungsdauer maßgeblich, die im Wesentlichen abhängt von den Wertminderungen und den damit verbundenen Abschreibungsmöglichkeiten, dem technischen Fortschritt und den Änderungen im Leistungserstellungsprogramm des Gesundheitsbetriebs. Mithilfe der auf der technischen Nutzungsdauer (nach Herstellerangaben) und den notwendigen Wiederbeschaffungskosten basierenden kalkulatorischen Abschreibungen, lässt sich nach Ende der realen Nutzungsdauer die Ersatzbeschaffung ermöglichen.

5.3 Einsatzbedingungen

Der Einsatz medizinischtechnischer Geräte in Gesundheitsbetrieben unterliegt den Bestimmungen des *Medizinproduktegesetzes (MPG)* und der *Medizinproduktebetreiberverordnung (MPBetreibV)*. Während das *MPG* allgemein die Anforderungen an Medizinprodukte und deren Betrieb (unter anderem klinische Bewertung und Prüfung, Sicherheitsbeauftragter für Medizinprodukte, Verfahren zum Schutz vor Risiken) regelt, ist die *MPBetreibV* für das Errichten, Betreiben, Anwenden und Instandhalten von Medizinprodukten nach den Bestimmungen des *MPG* gültig und damit das Regelwerk für alle Anwender und Betreiber von Medizinprodukten. Nach ihr dürfen medizinisch-technische Betriebsmittel nur nach den Vorschriften der Verordnung, den allgemein anerkannten Regeln der Technik und den Arbeitsschutz- und Unfallverhütungsvorschriften und nur von Personen, die eine entsprechende Ausbildung, Kenntnis und Erfahrung besitzen, errichtet, betrieben, angewendet und in Stand gehalten werden.

Besondere Regelungen trifft die *MPBetreibV* für *aktive* Medizinprodukte und Medizinprodukte mit Messfunktion (siehe **Tabelle 5.3**).

Tabelle 5.3 Aktive Medizinprodukte und Medizinprodukte mit Messfunktion nach der *MPBetreibV*.

Produktart	Produktbeschreibung
Nichtimplantierbare aktive Medizinprodukte	Produkte zur Erzeugung und Anwendung elektrischer Energie zur unmittelbaren Beeinflussung der Funktion von Nerven und/oder Muskeln bzw. der Herztätigkeit einschließlich Defibrillatoren
	Produkte zur intrakardialen Messung elektrischer Größen oder Messung anderer Größen unter Verwendung elektrisch betriebener Messsonden in Blutgefäßen bzw. an freigelegten Blutgefäßen
	Produkte zur Erzeugung und Anwendung jeglicher Energie zur unmittelbaren Koagulation, Gewebezerstörung oder Zertrümmerung von Ablagerungen in Organen
	Produkte zur unmittelbare Einbringung von Substanzen und Flüssigkeiten in den Blutkreislauf unter potenziellem Druckaufbau, wobei die Substanzen und Flüssigkeiten auch aufbereitete oder speziell behandelte körpereigene sein können, deren Einbringen mit einer Entnahmefunktion direkt gekoppelt ist
	Produkte zur maschinellen Beatmung mit oder ohne Anästhesie
	Produkte zur Diagnose mit bildgebenden Verfahren nach dem Prinzip der Kernspinresonanz
	Produkte zur Therapie mit Druckkammern
	Produkte zur Therapie mittels Hypothermie
	Säuglingsinkubatoren
	Externe aktive Komponenten aktiver Implantate

Produktart	Produktbeschreibung
Medizinprodukte mit Messfunktion	Medizinprodukte zur Bestimmung der Hörfähigkeit (Ton- und Sprachaudiometer)
	Medizinprodukte zur Bestimmung von Körpertemperaturen (mit Ausnahme von Quecksilberglasthermometern mit Maximumvorrichtung): medizinische Elektrothermometer, mit austauschbaren Temperaturfühlern, Infrarot-Strahlungsthermometer
	Messgeräte zur nicht invasiven Blutdruckmessung
	Medizinprodukte zur Bestimmung des Augeninnendruckes (Augentonometer): allgemein, zur Grenzwertprüfung
	Therapiedosimeter bei der Behandlung von Patienten von außen: mit Photonenstrahlung im Energiebereich bis 1,33 MeV (allgemein; mit geeigneter Kontrollvorrichtung, wenn der Betreiber in jedem Messbereich des Dosimeters mindestens halbjährliche Kontrollmessungen ausführt, ihre Ergebnisse aufzeichnet und die bestehenden Anforderungen erfüllt werden); mit Photonenstrahlung im Energiebereich ab 1,33 MeV und mit Elektronenstrahlung aus Beschleunigern mit messtechnischer Kontrolle in Form von Vergleichsmessungen; mit Photonenstrahlung aus Co-60-Bestrahlungsanlagen
	Diagnostikdosimeter zur Durchführung von Mess- und Prüfaufgaben, sofern sie nicht der Eichordnung unterliegen
	Tretkurbelergometer zur definierten physikalischen und reproduzierbaren Belastung von Patienten

Für sie ist unter anderem ein **Medizinproduktebuch** zu führen, das folgende Angaben enthalten muss:

■ Bezeichnung und sonstige Angaben zur Identifikation des Medizinproduktes,

■ Beleg über Funktionsprüfung und Einweisung,

■ Name des Beauftragten, Zeitpunkt der Einweisung sowie Namen der eingewiesenen Personen,

■ Fristen und Datum der Durchführung sowie das Ergebnis von vorgeschriebenen sicherheits- und messtechnischen Kontrollen und Datum von Instandhaltungen sowie der Name der verantwortlichen Person oder der Firma, die diese Maßnahme durchgeführt hat,

■ soweit mit Personen oder Institutionen Verträge zur Durchführung von sicherheits- oder messtechnischen Kontrollen oder Instandhaltungsmaßnahmen bestehen, deren Namen oder Firma sowie Anschrift,

■ Datum, Art und Folgen von Funktionsstörungen und wiederholten gleichartigen Bedienungsfehlern,

■ Meldungen von Vorkommnissen an Behörden und Hersteller.

Alle aktiven nichtimplantierbaren Medizinprodukte der jeweiligen Betriebsstätte sind in ein **Bestandsverzeichnis** mit folgenden Angaben einzutragen:

■ Bezeichnung, Art und Typ, Loscode oder die Seriennummer, Anschaffungsjahr des Medizinproduktes,

■ Name oder Firma und die Anschrift des für das jeweilige Medizinprodukt Verantwortlichen nach MPG,

■ die der CE-Kennzeichnung hinzugefügte Kennnummer der benannten Stelle, soweit diese nach den Vorschriften des MPG angegeben ist,

■ soweit vorhanden, betriebliche Identifikationsnummer,

■ Standort und betriebliche Zuordnung,

■ die vom Hersteller angegebene Frist oder die vom Betreiber festgelegte Frist für die sicherheitstechnische Kontrolle.

Darüber hinaus regelt die *Medizinprodukte-Sicherheitsplanverordnung (MPSV)* Verfahren zur Erfassung, Bewertung und Abwehr von Risiken in Betrieb befindlicher Medizinprodukte. Danach haben Personen, die Medizinprodukte beruflich oder gewerblich betreiben oder anwenden, dabei aufgetretene Vorkommnisse der zuständigen Bundesoberbehörde zu melden. Das gilt beispielsweise für Ärzte und Zahnärzte, denen im Rahmen der Behandlung von mit Medizinprodukten versorgten Patienten Vorkommnisse bekannt werden, soweit die Behandlung im Zusammenhang mit dem Medizinprodukt steht.

Die **Einführungsphase** von komplexen medizintechnischen Systemen in Gesundheitsbetrieben verlangt eine gründliche Vorbereitung, um gerade zu Beginn der Nutzung der neuen Betriebsmittel Bedienungsfehler, Pannen oder sonstige Schwierigkeiten zu vermeiden. Der eigentliche **Umstellungsvorgang** auf die Anwendung neuer Medizintechnik kann auf verschiedene Arten vollzogen werden:

■ *Totalumstellung*: Gerade in der Anlaufphase kommt es in der Regel immer zu Schwierigkeiten, wobei die Gefahr besteht, dass es bei einer sofortigen Totalumstellung zu erheblichen organisatorischen Problemen kommen kann und die Mitarbeiter zu den herkömmlichen Verfahren greifen müssen und das neue System unter Umständen ablehnen.

■ *Teilumstellung*: Die einzelnen Bereiche des Gesundheitsbetriebs, die zukünftig mit der neuen Medizintechnik arbeiten sollen, werden nach und nach umgestellt. Immer dann, wenn ein Teilbereich einwandfrei funktioniert, wird mit der Umstellung des nächsten Teilbereichs begonnen. Dieses Verfahren ist zwar langwieriger, führt aber, insbesondere wenn mit unproblematischen Teilbereichen begonnen wird, zu raschen Erfolgen und einer Erhöhung der Akzeptanz bei den Mitarbeitern.

■ *Parallelumstellung*: Bei ihr werden alle Funktionen für einen gewissen Zeitraum sowohl mit der neuen Medizintechnik als auch parallel dazu mit den herkömmlichen Methoden durchgeführt. Erst wenn alle Teilbereiche des Gesundheitsbetriebs einwandfrei mithilfe der neuen Betriebsmittel funktionieren, erfolgt der Verzicht auf die bisherigen Arbeitsweisen. Dies bedeutet für den Zeitraum des Parallelbetriebs einen erhöhten Arbeits- und Kostenaufwand, vermeidet jedoch Arbeitsunterbrechungen und bietet den direkten Vergleich zwischen den bisherigen Verfahren und den neuen Möglichkeiten. Anpassungen und Korrekturen können direkt vorgenommen werden.

Das **Akzeptanzproblem** bei den Patienten und den Mitarbeitern des Gesundheitsbetriebs in Zusammenhang mit der Einführung neuer Betriebsmittel ist nicht zu unterschätzen. Die Mitarbeiter haben häufig Angst, den neuen Anforderungen nicht gewachsen zu sein, zu versagen. Zudem haben sie Angst, dass erworbene und bewährte Kenntnisse überflüssig werden könnten und dass sie neue Fertigkeiten erwerben müssen. Die Patienten haben Angst vor dem unmittelbaren Kontakt mit der Technik, der sie mit Misstrauen begegnen. Daher ist es wichtig, Mitarbeiter und Patienten bereits so früh wie möglich zu informieren und in den Einführungsprozess einzubeziehen.

Wird den Mitarbeitern des Gesundheitsbetriebs eine Technik vorgesetzt, die ausschließlich die Betriebsleitung bestimmt hat, so wird die Bereitschaft zur Identifikation mit der neuen Technik unter Umständen nicht sehr groß sein. Können sie aber bei der Anschaffung, der Auswahl und Einführung mitbestimmen, so eignen sie sich über eine verbesserte positive Grundeinstellung nicht nur schneller das nötige Wissen an, sondern erleben bei der gemeinsamen Problembewältigung auch Teamarbeit und Teamgeist, was zu einer gleichzeitigen Verbesserung des Arbeitsklimas führen kann. Dabei ist es auch wichtig, Einwände und Sorgen der Mitarbeiter ernst zu nehmen und vor allen Dingen auch inoffizielle „Rangordnungen" zu beachten, damit sich ältere Mitarbeiter gegenüber jüngeren, die vielleicht einen leichteren Zugang zu neuen Technologien haben, nicht zurückgesetzt fühlen.

5.4 Betriebsmittelinstandhaltung

Beim Gebrauch medizinisch-technischer Geräte und Systeme können eine Reihe von Gefahren für den Patienten, den Bediener und die Umgebung auftreten. Um diese weitestgehend zu reduzieren, ist eine fachgerechte Wartung und Instandhaltung der im Gesundheitsbetrieb eingesetzten Medizinprodukte nötig.

Aus der *DIN-Norm 31051* lassen sich als Aufgaben der Instandhaltung von Betriebsmitteln des Gesundheitsbetriebs die Wartung, Inspektion, Instandsetzung und Verbesserung ableiten, um die Funktionsfähigkeit der medizintechnischen Geräte zu erhalten oder sie bei Ausfall wieder herzustellen.

Während bei der **Wartung** die Abnutzungsreduzierung im Vordergrund steht, um beispielsweise durch fachgerechten, planmäßigen Austausch von Verschleißteilen funktionserhaltendes Reinigen, Konservieren oder Nachfüllen von Verbrauchsstoffen eine möglichst lange Lebensdauer und einen geringen Verschleiß der gewarteten Medizinprodukte zu erzielen, ist die **Instandhaltung** als übergeordnete Aufgabe des Gesundheitsbetriebs insgesamt stärker auf die Vorbeugung zur Vermeidung von Systemausfällen ausgerichtet.

Dazu verfolgt sie zweckmäßigerweise einen *risikoorientierten Ansatz (Risk Based Maintenance, RBM),* der das Gefahrenpotenzial und die Eintrittswahrscheinlichkeit eines Fehlerereignisses bei medizinischtechnischen Betriebsmitteln und die daraus entstehenden möglichen Folgen für Patienten oder Mitarbeiter berücksichtigt. Hierfür bieten sich grundsätzliche folgende Instandhaltungsstrategien an, die das Risiko einer möglichen Fehlfunktion unterschiedlich berücksichtigen:

■ *Ausfallorientierung*: Betrieb bis zum Eintreten eines Fehlers (*Run to Failure*) mit Schwerpunkt auf einer möglichst schnellen Instandsetzung.

■ *Intervallorientierung*: Betriebsstunden, Zählerstände oder Zeitintervalle als Auslöser für Wartungs- und Instandhaltungsmaßnahmen.

■ *Zustandsorientierung*: Wartungs- und Instandhaltungsmaßnahmen auf der Basis von Gerätezustandsmeldungen, Datenabfragen oder Teleservice (Datenaustausch mit entfernt stehenden medizintechnischen Anlagen zum Zweck der Zustandsdiagnose, Fernwartung Datenanalyse oder Optimierung).

■ *Zuverlässigkeitsorientierung (Reliability Centered Maintenance, RCM)*: Intervall- und Zustandsbasierte Instandhaltung unter zusätzlicher Berücksichtigung möglicher Risiken aus Umwelteinflüssen, Einsatzbedingungen und sonstigen Daten, die mögliche Besonderheiten der Nutzungsumgebung (beispielsweise Stromschwankungen, Strahleneinfluss, klimatische Bedingungen etc.) widerspiegeln.

Während bei der *vorbeugenden Instandhaltung (preventive Maintenance)* von Medizinprodukten nach den Herstellervorgaben häufig die Intervall- und Zustandsorientierung im Vordergrund stehen, macht eine *vorausschauende Instandhaltung (predictive Maintenance)* eine erweiterte Risikobewertung zur Festlegung von Instandhaltungsmethoden und -zyklen durch den Gesundheitsbetrieb notwendig. Nicht eine mögliche Kostenersparnis, Ersatzteilminimierung oder Abschreibungsoptimierung stehen dabei im Vordergrund, sondern die Sicherheit, Funktionsfähigkeit und Verfügbarkeit der medizintechnischen Ausstattung. Die Risikoorientierung führt letztendlich dazu, dass bei Betriebsmitteln mit gleichen technischen Zuständen dasjenige in der Instandsetzung priorisiert wird, dessen Ausfall den höheren gesundheitlichen Schaden verursachen kann.

Vor diesem Hintergrund und den Zielen einer Erhöhung und optimale Nutzung der Lebensdauer von Medizinprodukten, der Optimierung ihrer Betriebssicherheit und Verfügbarkeit sowie der Reduzierung möglicher Störungen gewinnen auch das Wissen und die Erfahrung der Mitarbeiter im Umgang mit der Medizintechnik für den Gesundheitsbetrieb an Bedeutung, insbesondere wenn es darum geht, aktuelle Systemzustände aufgrund der Erfahrung aus dem täglichen Umgang mit den Geräten zu bewerten. Betriebseigenes Know-how wird immer wichtiger, da es aufgrund des technischen Fortschritts in der Medizintechnik, der Zunahme von Elektronik und Digitalisierung und der damit verbundenen Schwachstellen immer schwieriger wird, den tatsächlichen Zustand einzelner Bauteile oder Baugruppen zu erfassen. Mikrotechnologien in immer kleineren, Platz sparenderen und leichteren Medizinprodukten reagieren häufig auch sensibler auf Verschleißerscheinungen und mögliche Defekte.

Nach Angaben des *Technischen Überwachungsvereins Süd (TÜV Süd)* enthält die Norm *IEC/TR 60930* grundlegenden Regeln, die es bei der Reinigung und Wartung medizinischer elektrischer Geräte zu kennen und zu berücksichtigen gilt. Sie aktualisiert als technischer Report die Erstausgabe von 1988 und wurde vom internationalen Normierungsgremium für Elektrotechnik als „common aspects of electrical equipment used in medical practice" erarbeitet. Sie wendet sich an Bediener und Personen oder Organisationseinheiten, die mit der Bedienung und Anwendung medizinischer elektrischer Geräte und medizinischer elektrischer Systeme direkt oder im weiteren Sinne zu tun haben und bietet aktuelle Richtlinien beispielsweise zu visuellen und akustischen Alarmsystemen, zur Reinigung, Desinfektion und Sterilisation, dem Verhalten beim Eindringen von Flüssigkeiten und festen Stoffen in Geräten, zur Berücksichtigung elektromagnetischer Phänomene sowie zur Wartung von Geräten und die Schulung des Personals.

5.5 Planung von Behandlungskapazitäten

Die **Kapazitätsplanung** ist eine organisatorische Aufgabe im Rahmen der Leistungserstellungslogistik. Bei ihr werden die Kapazitätsbedarfe aus der Behandlungsplanung (beispielsweise anhand von Behandlungspfaden) berücksichtigt. Die Kapazitäts*belastung* durch geplante Behandlungsmaßnahmen wird dem Kapazitäts*angebot* an medizinischem Personal, benötigter medizintechnischer Geräteausstattung, OP-Räumlichkeiten etc. gegenübergestellt. Anhand der aktuellen Auslastung der Behandlungskapazitäten werden geeignete Instrumente zum Kapazitätsabgleich eingesetzt, um einerseits eine möglichst gleichmäßig hohe Kapazitätsauslastung zu erreichen und andererseits für möglichst viele Behandlungsmaßnahmen die vereinbarten oder erforderlichen Termine einzuhalten.

Das **Kapazitätsangebot** gibt beispielsweise an, welche Leistung an einem Behandlungsplatz in einem bestimmten Zeitraum erbracht werden kann. Es wird bestimmt durch:

■ Arbeitsbeginn, Arbeitsende,

■ Pausendauer,

■ Nutzungsgrad der Kapazität (beispielsweise 80 Prozent der theoretisch nutzbaren Zeit, 20 Prozent entfallen auf Rüstzeiten, Verteilzeiten etc.),

■ Anzahl der Einzelkapazitäten (beispielsweise Anzahl der Geräte für Computertomographie, Magnetresonanztomographie, Ultraschalldiagnostik oder Radiographie).

Je Behandlungsplatz können verschiedene **Kapazitätsarten** definiert werden, zum Beispiel:

■ Kapazität der medizintechnischen Einrichtungen,

■ Personalkapazität,

■ Reservekapazität für Eilbehandlungen,

■ Kapazität für Reinigungs- und Hygienearbeiten,

■ Kapazität für Wartungsarbeiten.

Der **Kapazitätsbedarf** gibt an, welche Leistung die einzelnen Behandlungsmaßnahmen an einem Behandlungsplatz benötigen.

Um beurteilen zu können, in wieweit die Personal- oder Behandlungsplatzkapazitäten ausgelastet sind, ist eine Verdichtung der Kapazitätsangebote und Kapazitätsbedarfe auf einer Stufe notwendig (siehe **Tabelle 5.4**).

Tabelle 5.4   Beispiel für die Kapazitätsbelastung einer MTRA an einem Behandlungsplatz.

Kapazitätsart: MTA				Behandlungsplatz: Röntgenraum I			
Kalenderwoche	Kap.-Einheit	Bedarf	Kap.-Angebot brutto	Nutzungsgrad in Prozent	Kap.-Angebot netto	Belastungsgrad in Prozent	Freie Kapazität
38.	Std.	50,25	38,00	80,00	30,40	165,30	-19,85
39.	Std.	48,30	34,00	80,00	27,20	177,57	-21,10
40.	Std.	32,15	38,00	80,00	30,40	105,76	-1,75
41.	Std.	40,10	38,00	70,00	26,60	150,75	-13,50
42.	Std.	23,30	38,00	80,00	30,40	76,64	7,10
43.	Std.	35,40	36,00	80,00	28,80	122,92	-6,60
44.	Std.	48,20	38,00	50,00	19,00	253,68	-29,20
45.	Std.	21,35	38,00	80,00	30,40	70,23	9,50
46.	Std.	46,15	34,00	80,00	27,20	170,67	-18,95

Kapazitätsart: MTA				Behandlungsplatz: Röntgenraum I			
Kalender-woche	Kap.-Einheit	Bedarf	Kap.-Angebot brutto	Nutzungs-grad in Prozent	Kap.-Angebot netto	Belas-tungs-grad in Prozent	Freie Kapazität
47.	Std.	28,45	38,00	80,00	30,40	27,80	1,95
Gesamt	Std.	373,65	370,00	76,00	280,80	132,13	-92,40

Um die unterschiedlichen Auslastungsgrade anzupassen, ist ein **Kapazitätsabgleich** erforderlich (siehe **Abbildung 5.3**). Dazu stehen für die Erhöhung bzw. Senkung des Kapazitätsangebotes verschiedene Möglichkeiten zur Verfügung:

■ Ausweichbehandlungsplätze mit freien Kapazitäten suchen,

■ Änderungen der Behandlungsmenge,

■ Behandlungstermine verschieben ,

■ Überstunden,

■ zusätzliche Schichten,

■ Einsatz von Leihpersonal,

■ Verschiebung von medizintechnischen Wartungsarbeiten,

■ Kurzarbeit,

■ Reduzierung der Schichtzahl,

■ Vorziehen von medizintechnischen Wartungsarbeiten etc.

Abbildung 5.3 Abgleich von Behandlungskapazitäten.

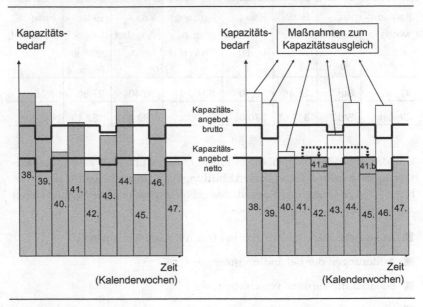

Das Kapazitätsbelastungsdiagramm gibt einen Überblick über die zeitliche Durchführbarkeit von Behandlungsvorgängen, anhand der Kapazitätsnachfrage im Zeitablauf und in Bezug auf die jeweiligen Kapazitätseinheiten. Dabei ist von den relevanten Belegungszeiten sämtlicher Behandlungs- und Pflegemaßnahmen bzw. der mit ihnen verbundenen Arbeitsvorgängen auszugehen, und diese sind periodengerecht den im Gesundheitsbetrieb vorhandenen Personalkapazitäten und medizintechnischen Gerätekapazitäten zuzurechnen. Das Kapazitätsbelastungsdiagramm stellt den Verlauf der Kapazitätsnachfrage in einem geeigneten zeitlichen Maßstab dar. Kapazitätsangebot und Kapazitätsbedarf definieren das Kapazitätsprofil eines Arbeitssystems im Gesundheitsbetrieb. Stimmen sie nicht überein, so liegt eine Überauslastung (Nachfrage ist größer als das Angebot) oder eine Unterauslastung (Nachfrage ist kleiner als das Angebot) vor.

Für jede zu terminierende Behandlung ist zu prüfen, ob für sie zum zuvor berechneten Termin ausreichend freie Kapazität zur Verfügung steht. Ist ausreichend freie Kapazität vorhanden, kann die Behandlung ohne Änderungen eingeplant werden. Bei fehlenden Kapazitäten ist die Behandlung auf einen Termin zu verschieben, zu dem sie durchgeführt werden kann. Die Reihenfolge der eingeplanten Behandlungsmaßnahmen beeinflusst wesentlich das Ergebnis der gesamten Behandlungsplanung, da später einzuplanende Behandlungsmaßnahmen nur noch vorhandene Kapazitätslücken nutzen können.

5.6 Behandlungsterminierung

Auch die **Behandlungsterminierung** ist eine organisatorische Aufgabe im Rahmen der Leistungserstellungslogistik. Die Behandlungszeiten sind von zu vielen Faktoren abhängig, als dass sie minutiös geplant werden könnten. Die Behandlungsterminierung ist zweckmäßigerweise so vorzunehmen, dass auf der einen Seite nicht zu viele Leerlaufzeiten entstehen, aber auf der anderen Seite die Termine nicht zu eng liegen und dadurch Wartezeiten produziert werden.

Die benötigten Behandlungszeiten lassen sich in der Regel schätzen oder über einen längeren Zeitraum beobachten. Dadurch können Zeitwerte für gleiche Behandlungsarten dokumentiert und deren rechnerischer Mittelwert als zeitlicher Anhalt für eine bestimmte Behandlung genommen werden. Die auf diese Weise ermittelten Zeiten eignen sich für die Planung, allerdings können beispielsweise auftretende Komplikationen das Einhalten der Termine erschweren.

Die Vorteile einer bestmöglichen Behandlungsterminierung bestehen in einer gleichmäßigen Arbeitsauslastung des Gesundheitsbetriebs, der Vermeidung von Zeitdruck und dadurch verbesserter Arbeitsqualität. Der Patient erlebt einerseits geringere Wartezeiten und erhält gleichzeitig den Eindruck, dass der Gesundheitsbetrieb auf ihn eingestellt ist. Andererseits besteht für ihn eine Terminabhängigkeit, da er bis auf Ausnahmesituationen, etwa bei Notfällen, nur zu den vereinbarten Zeitpunkten behandelt wird.

Um einen Behandlungstermin pünktlich und zügig ablaufen zu lassen, sind einige *Vorbereitungen* zu treffen:

■ Abschluss der Beratung mit dem Patienten (unter Verwendung der Untersuchungsergebnisse, von Bildtafeln, Kostendarstellungen etc.) und Entscheidung über die Behandlungsmaßnahme,

■ Abschluss notwendiger Voruntersuchungen,

■ Bereithalten von Röntgenbilder, Laboruntersuchungsergebnisse, Anschauungsmaterial, Instrumenten etc.,

■ rechtzeitige Anfertigung und Eröffnung von Kostenvorausschätzungen für selbst zahlende Patienten,

■ Planung verschiedener Behandlungsarten unter Berücksichtigung von Tageszeiten, Wochenenden oder Feiertagen (beispielsweise unter Berücksichtigung der Möglichkeit, Nachkontrollen durchzuführen),

■ Berücksichtigung von Vorlaufzeiten bei Änderungen, damit die Ablaufplanung des betreffenden Tages rechtzeitig geändert und die Termine anderweitig belegt werden können,

■ Information aller Beteiligten bei auftretenden Verzögerungen über deren Grund,

■ Verdecken auftretender Verzögerungen gegenüber Patienten durch fraktionierte Wartezeiten (beispielsweise durch zeitliche Streckung von Maßnahmen der Behandlungsvorbereitung etc.),

■ Einbeziehung von Zeitpuffern und Notfallzonen.

Für die Behandlungsterminierung schwierige Zeiträume sind beispielsweise die Tage vor und nach Ferien- und Urlaubszeiten. An den ersten Arbeitstagen nach einem Praxisurlaub kommen erfahrungsgemäß zu den bestellten Patienten häufig Patienten mit Beschwerden, die an dem vorhergehenden Wochenende aufgetreten sind, sowie Patienten, die auf die Rückkehr ihres Arztes gewartet haben, zusammen. Weitere schwierige Tage in einer Arztpraxis sind beispielsweise die Abrechnungstermine oder allgemein Tage mit krankheitsbedingtem Personalausfall.

Bei der Terminierung des Behandlungsprozesses mit **Zeitmarken** wird dem Weg des Patienten zur, in und aus der Behandlung gefolgt. Je Zeitmarke werden für die Verfeinerung der Terminierungen die entsprechenden Start- und Endzeiten, Wartezeiten sowie eventuelle Vorkommnisse festgehalten (siehe **Tabelle 5.5**).

Tabelle 5.5 Behandlungsterminierung mit Zeitmarken bei der OP-Organisation.

Zeit-marke	Vorgang	Erläuterung	Mögliche Verzögerungen
1	Einschleu-sen	Patient wird auf OP-Tisch gelagert	keine Patientenüberwachung, technische Probleme, Überlastung der Schleuse
2	Check in	Tisch kommt mit Patient auf Säule	OP-Saal nicht sofort verfügbar, weil vorheriger Eingriff läuft, Saal nicht OP-bereit (fehlende Instrumente etc.), Nachrüstung nicht abgeschlossen, Vorrüstung nicht abgeschlossen, Hygienemaßnahme nicht abgeschlossen, Personal steht für OP nicht zur Verfügung
3	Anästhesie-beginn	Anästhesist nimmt mit Patient Kontakt auf, Beginn der Anästhesieversorgung	Unterlagen fehlen, Befunde fehlen, Anästhesiepersonal nicht bereit, Patient will Operateur noch sehen, Rückfragen sind erforderlich (zum Beispiel Eingriff unklar), Blutkonserven nicht bereit, Venenpunktion / Spinale / Epidurale schwierig

Zeit-marke	Vorgang	Erläuterung	Mögliche Verzögerungen
4	OP-Freigabe Anästhesie	Ende der anästhesio-logischen Maßnah-men	Unvorhergesehene medizinische Schwierigkeiten, technische Probleme, Anästhesist in Ausbil-dung
5	OP-Freigabe Instrumen-tierpflege	Ende Lagerung, Desinfektion und Steriles Abdecken; Neurochirurgie: Ende 1. Desinfektion	Instrumente nicht zeitgerecht aufbereitet, zu wenige Tassen vorhanden, Änderung der Instru-mente erforderlich, Umlagern aufgrund Änderung oder unklarer Angabe von Eingriff, aufwendige Lagerungszeit
6	OP-Beginn	Erster Hautschnitt	Befunde fehlen, Assistent verspä-tet, Operateur verspätet
7	OP-Ende	Ende, Verband anle-gen inklusive Gips (sofern im OP)	unvorhersehbare medizinische Schwierigkeiten, unvorhersehba-re Eingriffsänderung, technische Schwierigkeiten, Chirurg in Aus-bildung
8	Check out	Patient ist transport-bereit	Medikamentenüberhang, rasche Beendigung, unvorhersehbare Schwierigkeiten bei Patient, Risikopatient, Anästhesist in Ausbildung, technischer Defekt

Quelle: In Anlehnung an *Universität Wien*, Kooperationsprojekt „Qualität im Krankenhaus", Modellprojekt OP-Organisation, Patientenbezogene Zeitmarken

J. Bethge, Fachhochschule Frankfurt a. M., definiert auf der Grundlage der Zeitmarken beispielsweise folgende Zeitabschnitte:

- Zeitabschnitt von Schnittzeit bis Nahtzeit („Schnitt-Naht-Zeit"),

- Zeitabschnitt von Freigabe durch den Anästhesisten bis zum Ende des Eingriffs („Operateurszeit"),

- Zeitabschnitt zwischen Beginn und Ende der Anästhesiemaßnahmen („Anästhesiezeit").

Mithilfe der Zeitmarken lassen sich die **Patientendurchlaufzeiten** terminieren. Aufgabe der **Durchlaufterminierung** ist es, Anfangs- und Endtermine der Behandlungen unter Beachtung der Arbeitsabläufe im Gesundheitsbetrieb und planbarer Durchlaufzeiten festzulegen, ohne dass zunächst Kapazitätsgrenzen berücksichtigt werden. Bei den ermittelten Behandlungsanfangs- und -endzeitpunkten handelt es sich um vorläufige Termine, da mögliche erst später in der Kapazitätsterminierung zu berücksichtigende Engpässe zeitliche Änderungen erzwingen können. Die zeitliche Einplanung der einzelnen Behandlungs- oder Pflegemaßnahmen ohne Berücksichtigung der Kapazitätskonkurrenz macht erforderlich, die Zeitspanne für das Durchlaufen der einzelnen Behandlungs- oder Pflegemaßnahmen zu schätzen. Dies bedarf einer Definition des Behandlungsprozesses und seiner Teilprozesse.

Der Terminplan wird durch eine **Kapazitätsbelastungsrechnung** ermittelt. Bei ihr wird für jede Behandlungsmaßnahme die kumulierte zeitliche Belastung durch alle Arbeitsvorgänge, differenziert für jede Periode (zum Beisppiel Tag, Woche), bestimmt, wobei das Problem entsteht, wie die Rüst- und Behandlungsvorgänge zeitlich innerhalb der jeweiligen Plan-Durchlaufzeiten aufgeteilt werden sollen. Da zu diesem Zeitpunkt die Kapazitätsbelegung der im Gesundheitsbetrieb vorhandenen Personalkapazitäten und medizintechnischen Gerätekapazitäten noch nicht bekannt und durchgeführt ist, muss eine Annahme darüber getroffen werden. Eine einfache, weit verbreitete Vorgehensweise besteht darin, die Rüst- und Behandlungszeiten gleichmäßig auf die geschätzte *Patientendurchlaufzeit (PDLZ)* für den Behandlungsprozess aufzuteilen. Die PDLZ besteht im Wesentlichen aus

■ der *Durchführungszeit* (Zeit für die Vorbereitung (Rüsten) und die eigentliche Behandlungsmaßnahme) sowie

■ der *Übergangszeit* (Zeitspanne (Liegen, Warten nach der Behandlung, Transportieren, Liegen vor der Behandlung etc.), die zwischen der Erledigung des Behandlungsvorgangs am Vorgängerbehandlungsplatz und dem Start des nächstfolgenden Behandlungsvorgangs der gleichen Behandlungsmaßnahme am nachfolgenden Behandlungsplatz vergeht).

Im Gesundheitsbetrieb mit seinen diskontinuierlichen Behandlungs- und Pflegeprozessen werden die PDLZ vorwiegend durch die Übergangszeiten und weniger durch die Dauer der Durchführungszeiten bestimmt. Das kommt daher, weil die Durchführungszeiten häufig nur einen Bruchteil der gesamten PDLZ ausmachen (siehe **Abbildung 5.4**).

Abbildung 5.4   Einflussgrößen der Patientendurchlaufzeit (PDLZ).

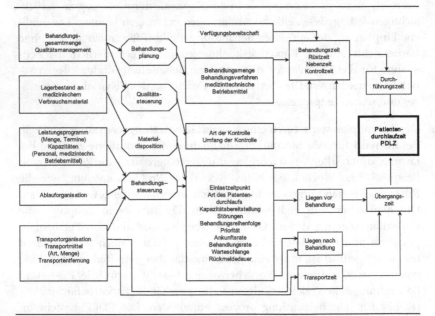

5.7 Behandlungssteuerung

Die Behandlungs- und Pflegeprozesse in Gesundheitsbetrieben sind selten deterministisch. Daher bedarf es in der **Behandlungssteuerung** der Verwendung von Konzepten, die diesen Sachverhalt berücksichtigen. Besonders die oftmals schwer zu schätzenden PDLZ führen bei der Bestimmung der Kapazitätsnachfrage zu Über- und Unterdeckungen.

Für das *Schwerionen-Therapiezentrum* in Heidelberg optimiert eine Simulation der Firma *Siemens* die Behandlungsabläufe auf der Grundlage von Prozesssteuerungen:

„Der leidende Patient als Teil eines Arbeitsablaufs – das klingt kalt und herzlos. Doch aus der Simulation haben die Siemens-Entwickler eine Behandlungssteuerung entwickelt, die den Workflow nicht nur nach betriebswirtschaftlichen Gesichtspunkten optimiert." ... "Beispiel: Vor jedem der drei Bestrahlungsräume liegt ein Raum, in dem ein Patient zur Behandlung vorbereitet und auf einer Liege immobilisiert wird, während im Behandlungsraum bereits ein anderer bestrahlt wird. Der ... Schedule Optimizer von Siemens, gefüttert mit den Patientendaten aus einem Onkologie-Informationssystem, optimiert nicht nur die Belegung der Räume und die möglichst unterbrechungsfreie Nutzung des Ionenstrahls – und damit die Kosten –, sondern verkürzt auch die Wartezeit. Ist etwa absehbar, dass die Vorbereitung eines Patienten länger als geplant dauert, kann ein anderer Patient rechtzeitig informiert und dessen Behandlung vorgezogen werden. Vorbereitung und Behandlung greifen nahtlos ineinander und verkürzen den gesamten Prozess für den Patienten auf unter 30 Minuten."

Bei dem Konzept der *belastungsorientierten* Behandlungssteuerung werden einerseits Leistungseinbrüche der betrachteten Kapazitätseinheiten im Gesundheitsbetrieb vermieden und andererseits die PDLZ nicht größer als notwendig bemessen. Wichtige Voraussetzungen für ihre Anwendung sind die Verfügbarkeit des benötigten medizinischen Verbrauchsmaterials, die Kenntnis der verplanbaren Personalkapazitäten und medizintechnischen Gerätekapazitäten sowie ihrer vorhandenen Belastungen. Der Bestand an durchzuführenden Behandlungs- oder Pflegemaßnahmen stellt die entscheidende Größe dar, um die gewünschte mittlere DLZ zu erreichen. Anhand eines Trichtermodells lässt sich die Vorgehensweise bei der belastungsorientierten Behandlungssteuerung anschaulich erläutern:

Der Trichter stellt hierbei einen Arzt, eine Behandlungsgruppe, ein OP-Team oder eine Pflegekraft im Gesundheitsbetrieb dar, spiegelt aber auch medizintechnische Gerätekapazitäten wider. Die Behandlungsmaßnahmen beziehen sich auf durchzuführende bzw. abzuarbeitende Vorgänge. Der Trichterauslass symbolisiert die verfügbaren Personalkapazitäten und medizintechnische Gerätekapazitäten. Der Trichterinhalt steht für den jeweiligen Bestand an wartenden Behandlungsmaßnahmen (siehe **Abbildung 5.5**).

Bei der *belastungsorientierten* Behandlungssteuerung werden im ersten Schritt mittels einer Durchlaufterminierung und einer Terminschranke die dringlichen Behandlungsmaßnahmen ermittelt. Per Durchlaufterminierung werden anhand der aktuellen Patientendurchlaufzeiten Starttermine ermittelt, die die Dringlichkeit wiedergeben. Gleichzeitig werden nur die Behandlungsmaßnahmen eingesteuert, die innerhalb der Terminschranke liegen. Die anschließende Überprüfung der Belastung der beteiligten Personalkapazitäten und medizintechnischen Gerätekapazitäten führt zur Freigabe einer Behandlungsmaßnahme, wenn die Belastung durch die bereits freigegebenen Maßnahmen unter der jeweiligen Kapazitätsgrenze liegt. Dadurch wird die Belastung der beteiligten Personalkapazitäten und medizintechnischen Gerätekapazitäten erhöht. Darüber hinaus ist eine zusätzlich Belastung zu berücksichtigen, die durch Notfälle, Komplikationen oder ungeplante Behandlungsverläufe entsteht.

Abbildung 5.5   Trichtermodell der *belastungsorientierten* Behandlungssteuerung.

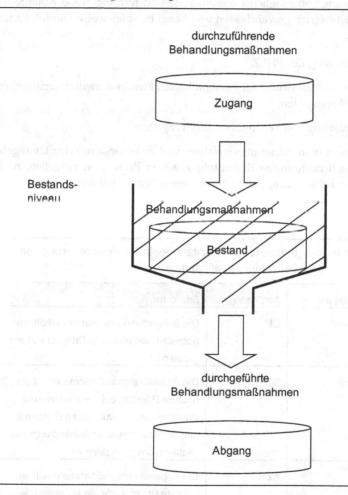

Das Konzept der *belastungsorientierten* Behandlungssteuerung basiert darauf, dass die Anteile der PDLZ geschätzt werden können, um die Leistungserstellungsprozesse im Gesundheitsbetrieb aus Aufwandsgründen vereinfacht zu planen. Mithilfe einer detaillierten Ermittlung wird die

Reihenfolge der Behandlungsvorgänge in Bezug auf die Personalkapazitä-
ten und medizintechnischen Gerätekapazitäten einzeln festgelegt. Diese
Feinsteuerung soll möglichst reibungslose und termingetreue Abläufe im
Gesundheitsbetrieb gewährleisten und hängt beispielsweise von folgenden
Zielen ab:

■ Minimierung der PDLZ,

■ maximale Auslastung der Personalkapazitäten und medizintechnischen
  Gerätekapazitäten,

■ Minimierung von Terminüberschreitungen.

Dazu wendet man Näherungsverfahren und insbesondere **Prioritätsregeln**
an, die nach bestimmten Reihenfolgekriterien Prioritäten vergeben, nach
denen die Behandlungsmaßnahmen abgearbeitet werden können (siehe
Tabelle 5.6).

Tabelle 5.6   Beispiele für Prioritätsregeln zur Feinsteuerung von
                   Behandlungsmaßnahmen.

Regelkriterium	Abkürzung	Erläuterung
Dringlichkeit	DR	Die Behandlungsmaßnahme erhält die höchste Priorität, deren Dringlichkeit am größten ist.
Schlupfzeit	SZR	Die Behandlungsmaßnahme erhält die höchste Priorität, bei der die Differenz zwischen dem gewünschten Endtermin und der verbleibenden Behandlungszeit (Schlupf) am geringsten ist.
Kurzzeit	KZR	Die Behandlungsmaßnahme erhält die höchste Priorität, die die kürzeste Behandlungsdauer hat.

Regelkriterium	Abkürzung	Erläuterung
Langzeit	LZR	Die Behandlungsmaßnahme erhält die höchste Priorität, die die längste Behandlungsdauer hat.
First Come First Served	FCFSR	Die Behandlungsmaßnahme erhält die höchste Priorität, die zuerst geplant wurde.

Da einzelne Prioritätsregeln meist auf eine relativ einseitige Verfolgung bestimmter Ziele der Reihenfolgeplanung ausgerichtet sind, bietet sich vielfach auch eine Kombination von Regeln an, die sich zudem unterschiedlich gewichten lassen.

Die Behandlungssteuerung hat aber noch weitere Aufgaben: Sie muss am Behandlungsort die notwendigen Patientenakten, Medikamentationsdokumentationen, Röntgenbilder, bereitstellen, die notwendigen medizinischen Verbrauchsmaterialien und das notwendige Personal zuführen und die medizintechnischen Betriebsmittel für den geplanten Behandlungszeitraum reservieren. Sie hat im Gesundheitsbetrieb die Aufgabenverteilung zu veranlassen und durchzusetzen. Bei einer zentralen Behandlungssteuerung ist der Überblick über sämtliche Personalkapazitäten, medizintechnischen Gerätekapazitäten, Raumkapazitäten und Behandlungsmengen erforderlich, sodass eine integrative Steuerung aller Behandlungsmaßnahmen sichergestellt werden kann. Dazu sind hohe Informationsmengen zu verarbeiten, die zudem aufgrund akuter Notsituationen oft sehr zeitkritisch sind.

Mit einer Neukonzeption der Notfallaufnahme wurde am *Klinikum München-Bogenhausen* eine effektive Behandlungssteuerung an den Schnittstellen zwischen Rettungsdienst und Krankenhausversorgung und zwischen ambulanter und stationärer Behandlung erzielt.

„Die Präklinik ist die interdisziplinär arbeitende Funktionseinheit, die für alle unangemeldeten und ungeplanten Notfallpatienten die Hauptanlaufstelle des Klinikums darstellt. Keiner dieser Patienten gelangt ohne die Einschätzung seiner Behandlungsdringlichkeit in einen Wartebereich oder in ein Behandlungsareal der Präklinik. Diese Ersteinschätzung im Hinblick auf den akuten Behandlungsbedarf und auf das benötigte Behandlungsniveau erfolgt durch erfahrene und speziell geschulte Pflegekräfte am Empfang nach „Ampelprinzip". Die Präklinik wird durch Dringlichkeit und Ausmaß des Behandlungsbedarfes in die Bereiche A, B (rot), C (gelb) und D (grün) gegliedert. Der Bereich A stellt das Sichtungs- und Administrationsareal dar, das ständig mit Leistungsträgern aus den Bereichen Pflege und Administration besetzt ist. Jeder Patient durchläuft den Bereich A, persönlich als anfragender Fußgänger oder als vom Rettungsdienst beziehungsweise Notarzt eingelieferter Patient. Der Bereich ist ansprechend in offener Tresenbauweise errichtet und zentrale Ansprechstelle für Patienten, Angehörige und Rettungsdienstpersonal. In Abhängigkeit vom klinischen Bild erfolgt von hier die weitere Zuweisung in die nachgeordneten Bereiche B, C, oder D. Der Bereich B umfasst eine neu konzipierte Aufnahmeeinheit für Akutmedizin. In diesem Bereich werden Patienten mit instabilen Vitalfunktionen auf drei intensivadäquat ausgestatteten Stellplätzen sowie drei weiteren Akutüberwachungsplätzen diagnostiziert und therapiert. Notärzte und Rettungsassistenten finden ein intensivmedizinisch ausgestattetes, auch personell hoch qualifiziert besetztes Umfeld zur direkten Übergabe ihrer vital bedrohten und beatmeten Patienten und vermeiden zeitraubende Transporte auf Intensivstationen innerhalb des Klinikums. Der früher übliche direkte Transport auf die dezentralen Intensivstationen je nach freiem Behandlungsplatz entfällt. Erst nach Diagnostik und nach Initialtherapie erfolgt die zeitgerechte Einschleusung auf die fachspezifische Intensiveinheit. Verlegungen auf die Intensivstationen, die sich im Verlauf der Initialtherapie als unnötig erweisen, werden durch Intensivtherapie im Akutbereich und teilweise anschließend möglicher Verlegung auf Allgemeinstationen vermieden. Patienten in aussichtsloser Reanimationssituation verbleiben ebenfalls im Bereich B und werden nicht auf periphere Intensivabteilungen verlegt. Diese „Fast track"-Intensivmedizin gestattet eine von der Gesamtintensivkapazität des Klinikums unabhängige Aufnahmebereitschaft, vermeidet unnötige Intensiv-Behandlungszeiten und sichert die maximale Verfügbarkeit der Intensivkapazität im Haus für klar intensivpflichtige Patienten. Der Bereich B erfüllt auch eine diagnostische Vorschaltfunktion für die hausinternen Chest-pain- und Stroke Units: Patienten werden erst nach erfolgter CT- beziehungsweise Herzkatheter-Diagnostik auf die entsprechende Spezialabteilung verlegt.

Nicht vital bedrohte Patienten werden nach initialer Sichtung und Aufnahmeuntersuchung zur weiterführenden Diagnostik dem Bereich C zugewiesen. In der dortigen, zehn Plätze umfassenden Aufnahmestation werden Wartezeiten bis zur zeitgerechten Einschleusung („just in time") in die weiterführenden diagnostischen Prozesse (zum Beispiel Endoskopie, Computertomographie, Nuklearmedizin) im Klinikum überbrückt. Nach 20 Uhr werden Patienten im Regelfall nicht mehr in die Fachabteilungen verlegt, sondern bis zum nächsten Morgen in der Aufnahmestation betreut. Die Abverlegung erfolgt erst am nächsten Morgen nach Visite. Der Bereich D ist baulich durch eine zweite Wartezone und eine „praxisartige" Ausstattung gekennzeichnet. Zumeist ambulante, leicht verletzte oder leicht erkrankte Patienten werden hier untersucht und behandelt."

6 Entsorgungslogistik

6.1 Kreislaufwirtschafts- und abfallrechtliche Grundsätze

Die **Entsorgungslogistik** im Gesundheitsbetrieb umfasst alle Maßnahmen zur Vorbereitung und Durchführung der Vermeidung, Verwertung und Beseitigung von medizinischen Abfällen. Dazu sind alle stofflichen, flüssigen oder gasförmigen Rückstände im Gesundheitsbetrieb, die bei den Behandlungs- und Pflegeprozessen zwangsläufig anfallen, einer räumlichen und zeitlichen Transformation zu unterziehen. Ziel ist es dabei, medizinische und sonstige Abfälle möglichst zu vermeiden, unvermeidliche Abfälle zu verwerten und nicht verwertbare Rückstände unter Schonung natürlicher Ressourcen und Minimierung der Emissionen umweltverträglich zu beseitigen.

Das **Umweltrecht** für den Gesundheitsbetrieb ist nicht in einem einheitlichen Umweltgesetzbuch geregelt. Es besteht aus einer Vielzahl von Einzelgesetzen, die durch Verordnungen oder auch durch allgemeine Verwaltungsvorschriften konkretisiert und dem jeweiligen Kenntnisstand entsprechend angepasst werden. Anders als Gesetze enthalten sie konkrete, technisch-naturwissenschaftlich begründete Inhalte, etwa zur erlaubten Luft- oder Lärmbelästigung im Gesundheitsbetrieb. Zum Ausfüllen unbestimmter Rechtsbegriffe werden zusätzlich technische Regelwerke, etwa *DIN-Vorschriften* oder *VDI-Regelungen,* herangezogen. Technische Regeln wie etwa die aktuellen *Technischen Regeln für Gefahrstoffe (TRGS),* insbesondere die *Arbeitsplatzgrenzwerte (TRGS 900)* und die *Biologische Grenzwerte (TRGS 903),* werden von Fachkommissionen erarbeitet und gelten im Grundsatz auch für die Anwendung in Gesundheitsbetrieben.

Ein großer Teil der in einem Gesundheitsbetrieb anfallenden und gebrauchten Stoffe ist als Abfall zu entsorgen. Nicht kontaminierte Wertstoffe, wie Kunststoffe, Papier und Glas, können grundsätzlich über die gleichen Erfassungssysteme wie für den Hausmüll, also in getrennten Containern oder in Recyclinghöfen entsorgt werden. Grundsätzlich ist die Vermeidung von Abfall in allen Bereichen des Gesundheitsbetriebs vorzuziehen. Abfallvermeidung beginnt bereits bei der Beschaffung von medizinischem Verbrauchsmaterial; hierbei sollten alle Bestellpositionen überprüft und Wert auf umweltfreundliche Materialien gelegt werden.

Die Verwendung der verschiedensten Materialien im Gesundheitsbetrieb erfordert Informationen und Kenntnisse über deren Eigenschaften und eventuell vorhandene Gefahren. Diese Informationen müssen allen Mitarbeitern zur Verfügung stehen, die Umgang mit ihnen haben; nur dann ist ein sorgfältiges und verantwortliches Handling der Materialien möglich. Anhand von Beipackzetteln, der roten Liste, Sicherheitsdatenblättern etc. kann zusammengetragen werden, in welchen Arbeitsbereichen des Gesundheitsbetriebs mit problematischen Stoffen umgegangen wird und für welche Stoffe eine spezielle Entsorgung notwendig ist. Die getrennte Sammlung und Entsorgung von Rest- und Problemstoffen ist der letzte wichtige Schritt im Rahmen des Umweltschutzes im Gesundheitsbetrieb. Abfälle, die nach Art, Beschaffenheit oder Menge in besonderem Maße gesundheits-, luft- oder wassergefährdend, explosiv oder brennbar sind, müssen als Sondermüll entsorgt werden.

Das *Kreislaufwirtschafts- und Abfallgesetz (KrW-/AbfG)* stellt eine wichtige rechtliche Grundlage der Entsorgungslogistik und des Umweltschutzes im Gesundheitsbetrieb dar.

> Nach dem *KrW-/AbfG* sind Abfälle im Gesundheitsbetrieb „alle beweglichen Sachen, die unter die in Anhang I aufgeführten Gruppen fallen und deren sich ihr Besitzer entledigt, entledigen will oder entledigen muss. Abfälle zur Verwertung sind Abfälle, die verwertet werden; Abfälle, die nicht verwertet werden, sind Abfälle zur Beseitigung."

Nicht alle **Abfallgruppen** des *KrW-/AbfG* kommen in Gesundheitsbetrieben gleichermaßen häufig vor (siehe **Tabelle 6.1**).

Tabelle 6.1   Beispiele für gesundheitsbetriebliche Abfallgruppen nach dem *KrW-/AbfG*.

Abfallgruppe	Beschreibung
Q1	Nachstehend nicht näher beschriebene Produktions- oder Verbrauchsrückstände.
Q3	Produkte, bei denen das Verfalldatum überschritten ist.
Q5	Infolge absichtlicher Tätigkeiten kontaminierte oder verschmutzte Stoffe.
Q6	Nichtverwendbare Elemente.
Q7	Unverwendbar gewordene Stoffe.
Q12	Kontaminierte Stoffe.
Q14	Produkte, die vom Besitzer nicht oder nicht mehr verwendet werden
Q16	Stoffe oder Produkte aller Art, die nicht einer der oben erwähnten Gruppen angehören.

Das *KrW-/AbfG* schreibt ferner vor, die Vermeidung von Abfällen im Gesundheitsbetrieb der Verwertung und der Beseitigung vorzuziehen. Für den Gesundheitsbetrieb gilt somit als oberstes Gebot, Abfälle erst gar nicht entstehen zu lassen, sondern diese – wenn möglich – zu vermeiden. Wenn eine Vermeidung nicht möglich erscheint, so ist die Verwertung der Beseitigung vorzuziehen. Lediglich der Abfall, der nicht mehr verwertet werden kann, ist auf Deponien oder durch Verbrennung zu beseitigen (siehe **Abbildung 6.1**).

Abbildung 6.1   Kreislaufwirtschafts- und abfallrechtliche Vorgaben für
den Gesundheitsbetrieb.

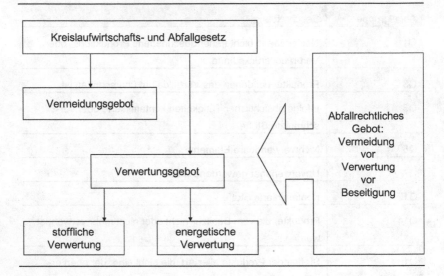

6.2   Vermeidung, Verwertung und Beseitigung von medizinischen Abfällen

Das Gesundheitswesen insgesamt zählt mit einem Abfallaufkommen von mehreren Millionen Tonnen pro Jahr zu den größten Müllproduzenten. Der überwiegende Teil des Abfalls hat jedoch hausmüllähnlichen Charakter und lässt sich auf konventionellem Wege entsorgen.

Lassen sich im Verlaufe der Behandlungs- und Pflegeprozesse anfallende Abfälle im Gesundheitsbetrieb nicht vermeiden, so sind sie möglichst einer Verwertung zuzuführen. Die stoffliche Wiederverwertung oder Wiederaufbereitung von Abfällen des Gesundheitsbetriebs im Sinne einer Kreislaufwirtschaft wird gemeinhin auch als **Recycling** bezeichnet. Es umfasst Verwertungsverfahren, die medizinische Verbrauchsmaterialien nach

Gebrauch entweder für den ursprünglichen Zweck oder für andere Zwecke aufbereiten.

Die im Gesundheitsbetrieb üblicherweise mengenmäßig am häufigsten vorkommenden Materialfraktionen sind beispielsweise Verpackungen, Altpapier, Dosen, Altglas, Bioabfälle und anderes mehr, die in der Regel getrennt zu sammeln und im Rahmen der Entsorgung einer Verwertung zuzuführen sind, wobei die direkte Wiederverwendung von medizinischen Gebrauchsgegenständen eine Weiternutzung von Ressourcen darstellt, mit dem geringsten Energie- und CO_2-Aufwand (siehe **Tabelle 6.2**).

Tabelle 6.2   Verwertungsalternativen für den Gesundheitsbetrieb.

Zusammensetzung Funktion	ursprüngliche stoffliche Zusammensetzung	neue stoffliche Zusammensetzung
Gleiche Funktion	→ Wiederverwendung Beispiel: Sterilisierte Sonde für die Dental-Diagnose	→ Wiederverwertung Beispiel: nicht kontaminiertes Altpapier, Altglas im Gesundheitsbetrieb
Neue Funktion	→ Weiterverwendung Beispiel: Sammlung von Regenwasser in Zisternen und Nutzung für Toilettenspülungen im Gesundheitsbetrieb	→ Weiterverwertung Beispiel: chemische Trennung und Aufbereitung von Laborchemikalien

Bei dem *innerbetrieblichen* Recycling werden die verbrauchten Materialien innerhalb des Gesundheitsbetriebs aufbereitet und wieder eingesetzt. Bei dem *außerbetrieblichen* Recycling findet der Austausch der Materialien zwischen Gesundheitsbetrieben (beispielsweise Sterilisationszentrum in einem Großklinikum, das mehrere Krankenhäuser beliefert) oder zwischen einem Gesundheitsbetrieb und einer Verwertungseinrichtung statt. Wäh-

rend bei dem *originären* Recycling die Materialien ohne Aufbereitung wei-
terverwendet werden, findet bei dem *sekundären* Recycling in der Regel
zunächst eine Trennung und Sammlung von Abfällen statt, die dann in
möglichst sortenreinen Materialfraktionen der Verwertung zugeführt werden.

Die Verwertungsmöglichkeiten von Abfällen des Gesundheitsbetriebs
erstrecken sich in der Regel auf

■ die stoffliche Verwertung,

■ die chemische/bakteriologische Verwertung und

■ die thermische Verwertung, mit der Verbrennung in Hochöfen unter
Nutzung der daraus entstehenden Energie.

Die Beseitigung (Entsorgung im engeren Sinne) umfasst

■ die Deponierung (Ablagerung, Verrottung, Kompostierung etc.) oder

■ die Verbrennung gesundheitsbetrieblicher Abfälle, mit dem ausschließ-
lichen Ziel der Volumenreduzierung (siehe **Abbildung 6.2**).

Das *Alten- und Pflegeheim Anlagenring GmbH*, Frankfurt a. M., praktiziert
aufgrund seines ökologischen Verständnisses Abfallvermeidung vor Abfallentsorgung. Dazu gehören beispielsweise die Bestellung bei Lieferanten, welche die Waren möglichst ohne umweltbelastende Umverpa-
ckungen liefern oder diese Verpackungen wieder mitnehmen, getrennte
Abfallsammlung nach den Sorten Kunststoff, Papier, Glas, Restmüll und
Küchenabfälle, die Nutzung einer eine Müllpresse zur Abfallkompri-
mierung zur optimalen Nutzung der Müllbehälterkapazität sowie die
regelmäßige Information der Betriebsangehörigen und der neu eingezo-
genen Bewohner über das Verständnis zum Thema Abfall.

Abbildung 6.2 Kreislaufwirtschaft im Gesundheitswesen.

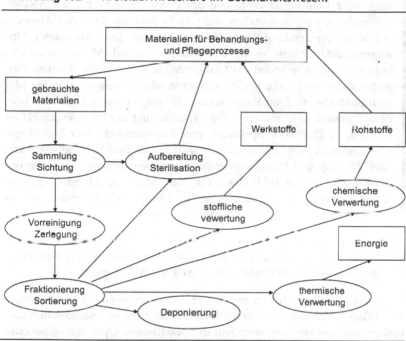

Nach dem *Medizinproduktegesetz (MPG)* ist das Recycling zulässig, es verbietet die Aufbereitung und Wiederverwendung nicht. Daher besteht bei unsachgemäßer Aufbereitung und Sterilisation die Gefahr, dass beispielsweise Hepatitis- und Aidsviren verschleppt, durch Instrumente Prionen-Erreger übertragen oder insbesondere bei Operationen im lymphatischen Gewebe Erreger Infizierungen hervorrufen könnten. Während in manchen Ländern die Wiederverwendung von Einweg-OP-Instrumenten in der Medizin verboten ist, ist ihre Aufbereitung in anderen Ländern erlaubt, aber die Anforderungen an die Qualität dementsprechend hoch.

T. Bohle zeigt anhand der rechtlichen Fragen bei der Wiederaufbereitung und Resterilisation von Einmalprodukten im Krankenhaus die unterschiedlichen Sichtweisen auf: „Das nationale Referenzzentrum für Krankenhaushygiene (NRZ) meint: Einmalprodukte können wiederaufberei-

tet werden. Das Medizinproduktegesetz verbietet die Wiederaufbereitung nicht. Eine Verschlechterung der Produktqualität bei der Wiederaufbereitung ist grundsätzlich nicht zu befürchten. Eine Aufklärungs-
pflicht bei Anwendung resterilisierter oder wieder aufbereiteter Ein-
wegprodukte besteht nicht. Der Bundesverband Medizinprodukte-
industrie e.V., Wiesbaden (BVMed), vertritt dagegen die Ansicht: Einmalprodukte sind nicht zur Wiederverwendung geeignet. Werden Medizinprodukte zur Einmalanwendung für den erneuten Gebrauch wie-
deraufbereitet, so ist mit einer Verschlechterung der Produktqualität zu
rechnen. ... Das weite Spektrum von Einmalartikeln von endoskopi-
schen Scheren, Aortenstanzen, Trachealkanülen und Herzkathetern etc.
über Absaug- und Beatmungsschläuche, Sauerstoffmasken, Magenson-
denspritzen bis hin zu Bechern für die Zahn- und Mundpflege lässt
schon vermuten, dass in technischer und hygienischer Hinsicht grundsätzlich unterschiedliche Risikolagen bestehen."

Der Aufbereitungsprozess bei der Verwertung von Abfällen des Gesundheitsbetriebs erfordert allerdings auch selbst den Einsatz von Material und
Energie und belastet seinerseits die Umwelt mit Abfallstoffen.

Infektiöse Abfälle enthalten mit hoher Wahrscheinlichkeit auch Erreger
infektiöser Krankheiten. Diese Rückstände, über die sich Krankheiten aus-
breiten könnten, kommen vor allem in Speziallabors, Operationssälen oder
Dialysestationen vor. Körper-, Organ- oder Gewebereste, wie sie im Opera-
tionssaal anfallen, werden auch als „ethische Abfälle" bezeichnet. Ihre
Entsorgung erfolgt aus ethischen und ästhetischen Gründen in speziellen
Behältern, die zunächst in einem Kühlraum gelagert werden. Als Sonder-
abfälle werden sie mitsamt ihrer Spezialbehälter der Verbrennung zugeführt, die unter vorgegebener Hochtemperatur und innerhalb eines definierten Zeitraums erfolgen muss. Da nicht jede Verbrennungsanlage für
die Entsorgung dieser spezifischen Abfälle ausgelegt ist, unterhalten einige
Gesundheitsbetriebe eigene Verbrennungsanlagen, um die Entsorgungs-
kosten zu reduzieren.

6.3 Entsorgungslogistische Anforderungen an den Gesundheitsbetrieb

Die Entsorgung von Verbrauchsmaterialien in Gesundheitsbetrieben variiert entsprechend dem Einsatzzweck der Materialien, ihrer Umweltbelastung, Zusammensetzung und ihrem Zustand erheblich, was sich auf die Art und Weise der Entsorgung auswirkt. Nach der *Richtlinie über die ordnungsgemäße Entsorgung von Abfällen aus Einrichtungen des Gesundheitsdienstes* (Stand: Januar 2002) des *Robert-Koch-Instituts (RKI)*, hat die Entsorgung nach den Grundsätzen der Kreislaufwirtschaft zu erfolgen. Grundlage hierfür sind die Bestimmungen des Abfall-, Infektionsschutz-, Arbeitsschutz-, Chemikalien und Gefahrgutrechts.

Auszug aus der *RKI-Richtlinie über die ordnungsgemäße Entsorgung von Abfällen aus Einrichtungen des Gesundheitsdienstes* (Stand: Januar 2002): „Die Entsorgung von Abfällen aus Einrichtungen des Gesundheitsdienstes hat so zu erfolgen, dass die Gesundheit und das Wohl des Menschen, die Umwelt (Luft, Wasser, Boden, Tiere, Pflanzen und Landschaft) und die öffentliche Sicherheit und Ordnung nicht gefährdet werden. Nach den Grundsätzen der Kreislaufwirtschaft sind Abfälle in erster Linie zu vermeiden, insbesondere durch Verminderung ihrer Menge oder Schädlichkeit, in zweiter Linie stofflich oder energetisch zu verwerten, soweit dies technisch möglich, hygienisch vertretbar, wirtschaftlich zumutbar und ein Markt vorhanden ist oder geschaffen werden kann. Nicht verwertbare Abfälle sind unter dauerhaftem Ausschluss aus der Kreislaufwirtschaft ohne Beeinträchtigung des Allgemeinwohls, insbesondere der Umwelt, zu beseitigen."... „Die ordnungsgemäße Entsorgung des Abfalls betrifft das Sammeln, Verpacken, Bereitstellen, Lagern, Transportieren, Behandeln, Verwerten oder Beseitigen innerhalb und außerhalb der Einrichtung des Gesundheitsdienstes - bis zur abschließenden Verwertung oder Beseitigung.".... „Es bestehen keine hygienischen Bedenken gegen die stoffliche Verwertung von Glas, Papier, Metall oder anderen Materialien, sofern diese bereits in den einzelnen Bereichen der Einrichtung getrennt gesammelt werden und kein Blut, Sekret und Exkret oder schädliche Verunreinigungen (mit biologischen und chemischen Agenzien) enthalten oder mit diesen kontaminiert sind (z.B. Verpackungen)."

Zur Entsorgung werden die Abfälle von Gesundheitsbetrieben gemäß der *RKI-Richtlinie* je nach Art, Beschaffenheit, Zusammensetzung und Menge den Abfallarten nach der Verordnung über das *Europäische Abfallverzeichnis (Abfallverzeichnis-Verordnung, AVV)* und der dazugehörigen *Abfallschlüssel (AS)* zugeordnet (siehe **Tabelle 6.3**).

Tabelle 6.3   Abfallentsorgung nach der *Richtlinie über die ordnungsgemäße Entsorgung von Abfällen aus Einrichtungen des Gesundheitsdienstes* (Stand: Januar 2002) des *Robert-Koch-Instituts (RKI)*.

Abfallart	Anfallstellen	Bestandteile	Sammlung / Lagerung	Entsorgung
Spitze und scharfe Gegenstände ("sharps")	Gesamter Bereich der Patientenversorgung	Skalpelle, Kanülen von Spritzen und Infusionssystemen, Gegenstände mit ähnlichem Risiko für Schnitt- und Stichverletzungen	Erfassung am Abfallort in stich- und bruchfesten Einwegbehältnissen, kein Umfüllen, Sortieren oder Vorbehandeln	Keine Sortierung; überwachungsbedürftig bei Beseitigung

Abfallart	Anfallstellen	Bestandteile	Sammlung / Lagerung	Entsorgung
Körperteile, Organabfälle, gefüllte Behältnisse mit Blut und Blutprodukten	Operationsräume, ambulante Einrichtungen mit entsprechenden Tätigkeiten	Körperteile, Organabfälle, Blutbeutel, mit Blut oder flüssigen Blutprodukten gefüllte Behältnisse	gesonderte Erfassung am Anfallort, keine Vermischung mit Siedlungsabfällen, kein Umfüllen, Sortieren oder Vorbehandeln, Sammlung in sorgfältig verschlossenen Einwegbehältnissen (zur Verbrennung geeignet); zur Vermeidung von Gasbildung begrenzte Lagerung	Gesonderte Beseitigung in zugelassener Verbrennungsanlage, z.B. Sonderabfallverbrennung (SAV), einzelne Blutbeutel: Entleerung in die Kanalisation möglich (unter Beachtung hygienischer und infektionspräventiver Gesichtspunkte). Kommunale Abwassersatzung beachten; überwachungsbedürftig bei Beseitigung

Abfallart	Anfallstellen	Bestandteile	Sammlung / Lagerung	Entsorgung
Abfälle, die mit meldepflichtigen Erregern behaftet sind, wenn dadurch eine Verbreitung der Krankheit zu befürchten ist	Operationsräume, Isoliereinheiten von Krankenhäusern, mikrobiologische Laboratorien, klinisch-chemische und infektionsserologische Laboratorien, Dialysestationen und -zentren bei Behandlung bekannter Hepatitisvirusträger, Abteilungen für Pathologie	Abfälle, die mit erregerhaltigem Blut, Sekret oder Exkret behaftet sind oder Blut in flüssiger Form enthalten, z.B. mit Blut oder Sekret gefüllte Gefäße, blut- oder sekretgetränkter Abfall aus Operationen, gebrauchte Dialysesysteme aus Behandlung bekannter Virusträger, mikrobiologische Kulturen aus z.B. Instituten für Hygiene, Mikrobiologie und Virologie, Labormedizin, Arztpraxen mit entsprechender Tätigkeit	Am Anfallort verpacken in reißfeste, feuchtigkeitsbeständige und dichte Behältnisse. Sammlung in sorgfältig verschlossenen Einwegbehältnissen (zur Verbrennung geeignet, Bauartzulassung), kein Umfüllen oder Sortieren, zur Vermeidung von Gasbildung begrenzte Lagerung	Keine Verwertung, keine Verdichtung oder Zerkleinerung. Entsorgung als besonders überwachungsbedürftiger Abfall mit Entsorgungsnachweis: Beseitigung in zugelassener Abfallverbrennungsanlage, z.B. Sonderabfallverbrennung (SAV) oder: Desinfektion mit vom RKI zugelassenen Verfahren, Einschränkung bei bestimmten Erregern; besonders überwachungsbedürftiger Abfall (büA)

Abfallart	Anfallstellen	Bestandteile	Sammlung / Lagerung	Entsorgung
Mit Blut, Sekreten bzw. Exkreten behaftete Abfälle, wie Wundverbände, Gipsverbände, Einwegwäsche, Stuhlwindeln, Einwegartikel etc.	Gesamter Bereich der Patientenversorgung	Wund- und Gipsverbände, Stuhlwindeln, Einwegwäsche, Einwegartikel (z.B. Spritzenkörper), etc., gering mit Zytostatika kontaminierte Abfälle, wie Tupfer, Ärmelstulpen, Handschuhe, Atemschutzmasken, Einmalkittel, Plastik- / Papiermaterial, Aufwischtücher, leere Zytostatikabehältnisse nach bestimmungsgemäßer Anwendung (Ampullen, Spritzenkörper ohne Kanülen etc.), Luftfilter und sonstiges gering kontaminiertes Material von Sicherheitswerkbänken; nicht: Getrennt erfasste, nicht kontaminierte Fraktionen von Papier, Glas, Kunststoffen	Sammlung in reißfesten, feuchtigkeitsbeständigen und dichten Behältnissen; Transport nur in sorgfältig verschlossenen Behältnissen (ggf. in Kombination mit Rücklaufbehältern); kein Umfüllen (auch nicht im zentralen Lager), Sortieren oder Vorbehandeln (ausgenommen Aufgabe in Presscontainer)	Verbrennung in zugelassener Abfallverbrennungsanlage (HMV) oder Deponierung, solange noch zulässig. Behältnisse mit größeren Mengen Körperflüssigkeiten können unter Beachtung von hygienischen und infektionspräventiven Gesichtspunkten in die Kanalisation entleert werden (kommunale Abwassersatzung beachten); alternativ ist durch geeignete Maßnahmen sicherzustellen, dass keine flüssigen Inhaltsstoffe austreten;

Abfallart	Anfallstellen	Bestandteile	Sammlung / Lagerung	Entsorgung
				überwachungs- bedürftig bei Beseitigung
Chemika- lien, die aus ge- fährlichen Stoffen bestehen oder solche enthalten	Diagnosti- sche Appa- rate, Labor- bereiche, Pathologie	Säuren, Laugen, halogenierte Lö- semittel, sonstige Lösemittel, anor- ganische Labor- chemikalien, ein- schließlich Diagnostikarest- mengen, organi- sche Laborchemi- kalien, einschließ- lich Diagnostikarest- mengen, Fixierbä- der, Entwicklerbä- der, Desinfektions- und Reinigungs- mittel-konzentrate, nicht restentleerte Druckgaspackun- gen, Formaldehyd- lösungen	Vorzugsweise getrennte Sammlung der Einzel- fraktionen unter eigenem Abfallschlüs- sel; Samm- lung und Lagerung in für den Transport zugelassenen verschlosse- nen Behält- nissen. Lager- räume mit ausreichender Belüftung	Entsorgung als besonders überwachungs- bedürftiger Abfall mit Ent- sorgungsnach- weis

Abfallart	Anfallstellen	Bestandteile	Sammlung / Lagerung	Entsorgung
Sonstige Chemikalien	Diagnostische Apparate, Laborbereiche	Reinigungsmittel, Händedesinfektionsmittel, verbrauchter Atemkalk; Abfälle aus diagnostischen Apparaten mit geringer Chemikalienkonzentration	Ggf. getrennte Sammlung der Einzelfraktionen unter eigenem AS, Sammlung und Lagerung in für den Transport zugelassenen verschlossenen Behältnissen, Lagerräume mit ausreichender Belüftung	Entsprechend der Abfallzusammensetzung; überwachungsbedürftig bei Beseitigung
CMR-Arzneimittel nach TRGS 525; Abfälle, die aus Resten oder Fehlchargen dieser Arzneimittel beste-	Bereich der Patientenversorgung mit Anwendung von Zytostatika und Virusstatika (z. B. Onkologie), Apotheken, Arztpraxen, Laborbereich	Nicht vollständig entleerte Originalbehälter (z. B. bei Therapieabbruch angefallene oder nicht bestimmungsgemäß angewandte Zytostatika), verfallene CMR-Arzneimittel in Originalpackungen, Reste an Trockensubstanzen und zerbro-	In bauartgeprüften, stich- und bruchfesten Einwegbehältnissen; kein Umfüllen und Sortieren, kein Vorbehandeln; Transport und Lagerung fest verschlossen	Entsorgung als besonders überwachungsbedürftiger Abfall mit Entsorgungsnachweis in zugelassenen Abfallverbrennungs-anlagen, z. B. Sonderabfallverbrennung (SAV); besonders überwachungsbedürftig

Abfallart	Anfallstellen	Bestandteile	Sammlung / Lagerung	Entsorgung
hen oder deutlich erkennbar mit CMR-Arzneimitteln verunreinigt sind		chene Tabletten, Spritzenkörper und Infusionsflaschen/-beuteln mit deutlich erkennbaren Flüssigkeitsspiegeln/ Restinhalten (>20 ml), Infusionssysteme und sonstiges mit Zytostatika kontaminiertes Material (>20ml), z.B. Druckentlastungs- und Überleitungssysteme, durch Freisetzung großer Flüssigkeitsmengen oder Feststoffe bei der Zubereitung oder Anwendung von Zytostatika kontaminiertes Material (z.B. Unterlagen, persönliche Schutzausrüstung		

Abfallart	Anfallstellen	Bestandteile	Sammlung / Lagerung	Entsorgung
Altarzneimittel, einschließlich unverbrauchter Röntgenkontrastmittel	Krankenhäuser, Apotheken, Arztpraxen.	Altarzneimittel, Röntgenkontrastmittel, Infusionslösungen	Getrennte Erfassung, zugriffsichere Sammlung, um missbräuchliche Verwendung auszuschließen	Vorzugweise Verbrennung in zugelassenen Abfallverbrennungsanlagen (Hausmüllverbrennung, Sonderabfallverbrennung), überwachungsbedürftig bei Beseitigung
Inhalte von Amalgamabscheidern, Amalgamreste, extrahierte Zähne mit Amalgamfüllungen	Zahnarztpraxen, Zahnkliniken	Amalgam (Quecksilber), extrahierte Zähne mit Amalgamfüllung, Amalgamabscheiderinhalte	Getrennte Sammlung, regelmäßige Entsorgung	Stoffliche Verwertung durch den Hersteller oder Vertreiber von Amalgam bzw. dem von diesen beauftragten Verwerter; besonders überwachungsbedürftig

Abfallart	Anfallstellen	Bestandteile	Sammlung / Lagerung	Entsorgung
Verpackungsmaterial aller Art	Gesamter Klinikbereich	Verpackungen aus Papier, Pappe, Kunststoffe, Glas, Holz, Metall, Verbundmaterialien	Getrennte Sammlung der Einzelfraktionen unter eigenem AS, ebenso wie Verpackungen, die Rückstände gefährlicher Stoffe enthalten oder durch gefährliche Stoffe verunreinigt sind	Entsorgung über Rücknahmesysteme der Vertreiber (z.B. DSD); Verwertung der nicht schädlich verunreinigten Fraktionen; verunreinigte Fraktionen als besonders überwachungsbedürftiger Abfall (büA) mit Entsorgungsnachweis

Zu den *innerbetrieblichen* Anforderungen an die Entsorgung der Gesundheitsbetriebe gehören nach der *RKI-Richtlinie* insbesondere

- die getrennte Erfassung der Abfälle an der Anfallstelle,

- das Sammeln und Transportieren zu zentralen innerbetrieblichen Sammelstellen (Lager- und Übergabestellen) sowie

- gegebenenfalls die Vorbehandlung und das Bereitstellen für die Entsorgung.

Die lückenlose Erfassung aller anfallenden Abfälle ist dabei als Voraussetzung für ein ordnungsgemäßes Entsorgungssystem der Gesundheitsbetriebe anzusehen. Sammlung und Transport der Abfälle sollen am Anfallort in den jeweils vorgesehenen Behältnissen hygienisch einwandfrei (unter Vermeidung einer äußeren Kontamination) gesammelt und zum Transport bereitgestellt werden, wobei organische Abfälle in der Regel täglich von der Anfallstelle zu zentralen Sammelstellen zu transportieren sind. Die Sammelbehältnisse müssen nach den Anforderungen der Entsorgung (transportfest, feuchtigkeitsbeständig, fest verschließbar) ausgewählt und für jedermann erkennbar abfall- und gefahrstoffrechtlich gekennzeichnet sein. Die innerbetriebliche Behandlung (zum Beispiel das Desinfizieren, Zerkleinern oder Verdichten) von Abfällen darf je nach Abfallart beispielsweise nur in vom *RKI* zugelassenen Desinfektionsanlagen und außerhalb der Patienten- und Versorgungsbereiche erfolgen, wobei der hygienebeauftragte Arzt oder der für die Hygiene Zuständige (zum Beispiel der Krankenhaushygieniker oder die Hygienefachkraft), der Betriebsbeauftragte für Abfall sowie die Sicherheitsfachkraft und der Betriebsarzt an der Planung und Inbetriebnahme von betriebsinternen Abfallbehandlungseinrichtungen zu beteiligen sind.

Die *außerbetrieblichen* Anforderungen beim Umgang mit den Abfällen außerhalb der Gesundheitsbetriebe erstrecken sich insbesondere auf die Anforderungen des Umweltschutzes, des Arbeitsschutzes, der Seuchenhygiene und der öffentlichen Sicherheit.

Die frühere *Richtlinie der Länderarbeitsgemeinschaft Abfall (LAGA) über die ordnungsgemäße Entsorgung von Abfällen aus Einrichtungen des Gesundheitsdienstes* sah eine Einteilung in Gruppen vor, deren Systematik ebenfalls noch häufig anzutreffen ist (siehe **Tabelle 6.4**).

Tabelle 6.4   Abfallentsorgung in Pflegeeinrichtungen nach *LAGA*.

LAGA-Gruppe	Abfallart	Entsorgung
A	Hausmüll und Hausmüllähnliche Abfälle, die nicht bei unmittelbaren pflegerischen Tätigkeiten anfallen, zum Beispiel Zeitschriften/Papier, Verpackungsmaterialien, Glasabfälle, leere Konserven, Küchenabfälle	Dem Hausmüll entsprechende Abfälle, an deren Entsorgung aus infektionspräventiver und umwelthygienischer Sicht keine besonderen Anforderungen zu stellen sind. Nach den örtlichen Vorgaben müssen diese Abfälle sortiert und recycelt werden. Um einer Emission durch Schimmelsporen vorzubeugen ist beim Sammeln von Nassmüll (Essenreste, Schalen etc.) darauf zu achten, dass dieser nicht über einen Tag hinaus in den Bewohnerzimmern und den Küchenbereich verbleibt.

LAGA-Gruppe	Abfallart	Entsorgung
B	Mit Blut, Sekreten und Exkreten behaftete Abfälle wie zum Beispiel gebrauchte Inkontinenzmaterialien, Wundverbände, Einwegwäsche, Einwegartikel einschließlich Spritzen und Kanülen, benutzte Katheter	Kontaminierte Abfälle, an deren Entsorgung aus infektionspräventiver Sicht innerhalb der Einrichtungen des Gesundheitsdienstes besondere Anforderungen zu stellen sind. Abfälle dieser Art dürfen nicht recycelt werden. Vorzugsweise werden kontaminierte Abfälle ohne Verletzungsgefahr in 10- oder 20-Liter-Plastikbeutel gesammelt, nach Gebrauch zugeknotet und in dem Container für Abfälle der Gruppe A entsorgt. Abfälle der Gruppe B mit Verletzungsgefahr wie benutzte Kanülen oder Einmalinstrumente bilden eine Sondergruppe. Zur Entsorgung solcher Gegenstände sind stichfeste Behälter zu verwenden.

LAGA-Gruppe	Abfallart	Entsorgung
C	Abfälle, an deren Entsorgung aus infektionspräventiver Sicht innerhalb und außerhalb der Einrichtung besondere Anforderungen zu stellen sind (sogenannte infektiöse, ansteckungsgefährliche oder stark ansteckungsgefährliche Abfälle) wie zum Beispiel Abfälle, die aufgrund des Infektionsschutzgesetzes (IfSG) behandelt werden müssen. Dies ist gegeben, wenn die Abfälle mit Erregern meldepflichtiger übertragbarer Krankheiten behaftet sind und dadurch eine Verbreitung der Krankheit zu befürchten ist.	Infektiöse Abfälle, an deren Entsorgung aus infektionspräventiver Sicht innerhalb und außerhalb der Einrichtungen des Gesundheitsdienstes besondere Anforderungen zu stellen sind. Die Notwendigkeit zusätzlicher Anforderungen (zum Beispiel getrennte Sammlung, Desinfektion) ergibt sich aus der Art der Krankheitserreger (insbesondere ihrer Ansteckungsgefährlichkeit und Überlebensfähigkeit) und des Übertragungsweges, dem Ausmaß und der Art der Kontamination, und der Menge des Abfalls.
D	Abfälle, an deren Entsorgung aus umwelthygienischer Sicht innerhalb und außerhalb der Einrichtung besondere Anforderungen zu stellen sind, zum Beispiel abgelaufene Arzneimittel, Desinfektionsmittel, Farb- oder Ölreste	Sonderabfälle, an deren Entsorgung aus umwelthygienischer Sicht innerhalb und außerhalb der Einrichtungen des Gesundheitsdienstes besondere Anforderungen zu stellen sind.
E	Medizinische Abfälle	Medizinische Abfälle, zum Beispiel Amputate, an deren Entsorgung nur aus ethischer Sicht besondere Anforderungen zu stellen sind. Fallen in Alten- und Pflegeheimen in der Regel nicht an.

Quelle: Darkow, H. (Hrsg.): Altenheim-Hygiene – Abfallentsorgung.

Der *Abfallwirtschaftsbetrieb München (AWB)* hat in seiner *Gewerbeinforma-tion Medizinische Abfälle* zum Umgang mit Abfällen aus dem Gesund-heitswesen AVV-Bezeichnungen, Abfalldefinitionen, Bestandteile, Anfallstellen, Sammlung/Lagerung, Entsorgung, AVV-Abfallschlüssel, LAGA-Gruppe und Abfalleinstufung übersichtlich in einem Faltblatt zu-sammengestellt.

7 Qualitätsmanagement

7.1 Grundlagen des medizinischen Qualitätsmanagements

Die Einrichtung eines Qualitätsmanagements in Gesundheitsbetrieben ist im *Sozialgesetzbuch (SGB)* vorgeschrieben.

> Nach § 135a des *SGB*, Fünftes Buch (V) - Gesetzliche Krankenversicherung, sind die Leistungserbringer „...zur Sicherung und Weiterentwicklung der Qualität der von ihnen erbrachten Leistungen verpflichtet."
>
> „Vertragsärzte, medizinische Versorgungszentren, zugelassene Krankenhäuser, Erbringer von Vorsorgeleistungen oder Rehabilitationsmaßnahmen und Einrichtungen, mit denen ein Versorgungsvertrag ... besteht, sind ... verpflichtet, sich an einrichtungsübergreifenden Maßnahmen der Qualitätssicherung zu beteiligen, die insbesondere zum Ziel haben, die Ergebnisqualität zu verbessern und einrichtungsintern ein Qualitätsmanagement einzuführen und weiterzuentwickeln."

Ein systematisches medizinisches **Qualitätsmanagement** hilft dem Gesundheitsbetrieb darüber hinaus, die Qualität der Behandlungsleistungen permanent zu verbessern und zu sichern. Es besteht aus der Planung und Verwirklichung aller Maßnahmen, die notwendig sind, die Leistungen des Gesundheitsbetriebs und deren Entstehung so zu gestalten, dass die Patientenbedürfnisse erfüllt werden. Zu einer erfolgreichen Umsetzung des Qualitätsmanagements im Gesundheitsbetrieb tragen wichtige Faktoren wie Patientenorientierung, Transparenz, Prozessoptimierung, Mitarbeiterbeteiligung, Flexibilität und Information bei (siehe **Tabelle 7.1**).

Tabelle 7.1   Erfolgsfaktoren des Qualitätsmanagements im Gesund-
                    heitsbetrieb.

Faktor	Erläuterung
Patienten-orientierung	Alle Mitarbeiter müssen wissen, ob und wie sie Beiträge liefern, die letztendlich den Patienten zugutekommen; je stärker die Bedürfnisse der Patienten im Qualitätsmanagementsystem verankert werden, desto stärker trägt es zum Erfolg des Gesundheitsbetriebs bei.
Transparenz	Je klarer und eindeutiger die Vorgaben durch die Betriebsleitung festgelegt werden, umso effektiver lassen sich die Prozesse im Betrieb gestalten.
Prozess-optimierung	Nur eine systematische Strukturierung führt zu einer Verbesserung der Abläufe im Gesundheitsbetrieb.
Mitarbeiter-beteiligung	Mitarbeiter dürfen auf Fehler aufmerksam machen, ohne bereits eine Lösung parat haben zu müssen; diese kann auch gemeinsam erarbeitet werden.
Flexibilität	Qualitätsmanagement im Gesundheitsbetrieb ist ein lebendiger Prozess; eine flexible Anpassung des Qualitätsmanagementsystems an neue Erfordernisse muss jederzeit möglich sein; Inhalte und Struktur des Systems dürfen nicht zu Hindernissen werden.
Information	Die Beteiligung aller Mitarbeiter erfordert auch deren vollständige Information; die Kommunikation über die Frage, was noch besser gemacht werden kann, muss mit allen Mitarbeitern des Gesundheitsbetriebs geführt werden.

Ein **Qualitätsmanagementsystem** für einen Gesundheitsbetrieb besteht somit aus der Organisationsstruktur, den Verfahren, Prozessen und Mitteln, die dazu notwendig sind, die medizinischen Qualitätsforderungen zu erfüllen.

Grundlage für den Aufbau eines Qualitätsmanagementsystems ist es, die Organisationsstruktur und Prozesse des Gesundheitsbetriebs eindeutig und transparent zu machen, um Fehlerquellen zu erkennen. Dies stellt gleichzeitig die Voraussetzung für ihre Beseitigung dar. Hohe Qualität setzt voraus, dass Fehler nicht nur in jedem Fall korrigiert werden, sondern dass ihrer Wiederholung vorgebeugt wird. Ein konsequent praktiziertes medizinisches Qualitätsmanagementsystem soll durch Beherrschen der medizinischtechnischen, organisatorischen und menschlichen Faktoren, welche die Qualität der Behandlungsleistungen und medizinischen Produkte beeinflussen, dabei helfen, Fehler zu vermeiden. Hierfür ist ein transparentes System klarer Abläufe und Zusammenhänge vonnöten.

Aufbau und Aufrechterhaltung eines medizinischen Qualitätsmanagementsystems stellen einen nicht unerheblichen Aufwand dar: Die betriebsinternen Organisationsstrukturen müssen kritisch hinterfragt und erforderliche Änderungen konsequent durchgesetzt werden.

Die Qualität von Behandlungs- und Serviceleistungen im Gesundheitsbetrieb ist im Wesentlichen abhängig von der Qualifikation und Motivation der Betriebsangehörigen, die die Leistungen ausführen. Ferner besteht in der Regel keine Möglichkeit, eine Behandlungsleistung, bevor sie der Patient erhält, einer Endprüfung zu unterziehen, um sicherzustellen, dass sie die gewünschten Qualitätsmerkmale aufweist. In dem Moment, wo die Behandlungsleistung erbracht wird, hat sie der Patient auch schon erhalten. Das bedeutet auch, dass Behandlungsfehler oder Qualitätsabweichungen in diesem Augenblick nicht mehr rückgängig gemacht werden können. Insbesondere medizinische Behandlungsleistungen, die von ihrem Wesen her überwiegend immaterieller Natur sind und individuell dem einzelnen Patienten erbracht werden, neigen zu unterschiedlichen Qualitätsniveaus. Je mehr Zeit es in Anspruch nimmt, eine Behandlungs- und Serviceleistung zu erbringen, je mehr Mitarbeiter des Gesundheitsbetriebs daran beteiligt sind, desto höher mag auch die Fehleranfälligkeit sein. Aus diesem Grunde ist es im Gesundheitsbetrieb sehr wichtig, dass Qualität von Anfang an gegeben ist. Die Abläufe müssen einerseits möglichst so gestaltet sein, dass sie reproduzierbar sind, um ein einheitliches Qualitätsniveau zu garantieren, andererseits aber auch so, dass potenzielle Fehler durch den Ablauf antizipiert werden und damit im betrieblichen Alltag möglichst gar nicht mehr auftreten können.

Die medizinische Qualität lässt sich in Anlehnung an *DIN EN ISO 8402* definieren als Gesamtheit von Merkmalen (und Merkmalswerten) medizinischer Leistungen und Produkte bezüglich ihrer Eignung, festgelegte und vorausgesetzte Erfordernisse zu erfüllen. Diese Erfordernisse bedeuten eine patienten- und bedarfsgerechte medizinische Versorgung, die unter Beachtung wirtschaftlicher Gesichtspunkte fachlich qualifiziert erfolgt, sich an der Lebensqualität orientiert und zu den gewünschten Behandlungsergebnissen führt.

Letztlich wird die Qualität ärztlicher Leistungen auch durch den Patienten bestimmt. Werden seine Erwartungen erfüllt, die sowohl subjektiver als auch objektiver Natur sein können, ist das erwartete Qualitätsniveau nach dem *patientenbezogenen* Qualitätsbegriff gegeben. Dadurch, dass die Patienten als Leistungsempfänger und die Krankenkassen bzw. Versicherungen als Kostenträger nicht identisch sind, beteiligen sich zudem die Kostenträger an der Qualitätsüberwachung.

Die **Qualitätssicherung** im Gesundheitsbetrieb bedeutet, medizinische Leistungen und Produkte in unveränderter, gleich bleibender Qualität zu erbringen bzw. zu erstellen. Mit der Qualitätssicherung ist somit zunächst keine zwangsläufige Qualitätssteigerung verbunden. Sie hat vielmehr zum Ziel, die Qualität medizinischer Leistungen und Produkte verlässlich zu erhalten, sie langfristig sicherzustellen und damit einen Qualitätsverlust zu vermeiden. Dennoch muss es das Ziel aller Bemühungen im Gesundheitsbetrieb im Sinne der Patienten und der Konkurrenzfähigkeit sein, darüber hinaus möglichst ein höheres Qualitätsniveau anzustreben.

Dazu dienen verschiedene organisatorische Ansätze *innerhalb* des Gesundheitsbetriebs:

Regelmäßig sollten Gespräche mit allen Mitarbeitern über mögliche Qualitätsverbesserungen zur Optimierung der betrieblichen Abläufe und der Patientenzufriedenheit stattfinden. Dieses Konzept der **Qualitätszirkel** (*quality circle*) ist ein Weg, die kreative und innovative Kraft der Mitarbeiter zielgerichtet zur Qualitätsverbesserung und Kostensenkung im Gesundheitsbetrieb einzusetzen. In regelmäßigen Sitzungen befassen sich dabei alle Mitarbeiter in kleinen Gruppen mit der Optimierung ihres Aufgabengebietes. Die Arbeit des Qualitätszirkels beschränkt sich dabei nicht nur auf eine einzelne Behandlungsleistung, sondern erstreckt sich auf das Aufzeigen aller Schwachstellen in diesem Bereich. Die Zielsetzung des Qualitätszirkels bestehen in der Verbesserung der Leistungsfähigkeit des Gesundheitsbetriebs durch höhere Effizienz sowie der Kostenreduzierung durch innovative Maßnahmen. Erwünschte Begleiterscheinungen sind die Verbesserung der Kommunikation der Mitarbeiter untereinander und ihre Motivation durch übergreifende Verantwortung

Eine ganzheitliche Durchdringung des Gesundheitsbetriebs mit einem Qualitätsdenken wird im Rahmen des **Total Quality Management (TQM)** angestrebt. Dabei wird der Aufbau eines Qualitätsmanagementsystems im Gesundheitsbetrieb nur als Zwischenziel verstanden, auf dem Weg, die Qualitätsphilosophie über alle betrieblichen Bereiche und Aktivitäten auszudehnen. Dieser übergreifende Ansatz ist eine auf der Mitwirkung aller Mitarbeiter beruhenden Führungsmethode, die Qualität in den Mittelpunkt stellt und durch Zufriedenstellung der Patienten auf den langfristigen betrieblichen Erfolg zielt. Total Quality Management bedeutet dabei:

■ *Total*: Ganzheitlich, umfassend, über alle betrieblichen Bereiche in Bezug auf Patienten, Mitarbeiter, Prozesse, medizinische Produkte und Behandlungsleistungen.

■ *Quality*: Vorausgesetzte und vereinbarte Eigenschaften bei medizinischen Produkten sowie Behandlungs- und Serviceleistungen.

■ *Management*: Kooperativer Führungsstil durch gemeinsame Zielvereinbarungen mit den Mitarbeitern und ihrer Beteiligung an Entscheidungen.

Eine außenwirksame Bestätigung der betriebsinternen Qualitätsanstrengungen ist nach verschiedenen Normen und Konzepten möglich, die sogenannte Zertifizierung. Voraussetzungen dafür sind unter anderem in der Regel ein Qualitätsmanagement, ein Qualitätssicherungshandbuch, eine entsprechende Schulung der Mitarbeiter sowie eine externe Überprüfung (Auditierung) des Qualitätsmanagementsystems.

7.2 Außerbetriebliche Institutionen der medizinischen Qualitätssicherung

Neben der *innerbetrieblichen* Qualitätssicherung durch Qualitätsmanagementsysteme, Qualitätszirkel, TQM etc. gibt es *außerhalb* des Gesundheitsbetriebs zahlreiche medizinische Qualitätssicherungsinstitutionen mit zum Teil unterschiedlichen Aufgaben, deren Arbeit direkt oder indirekt auf die Qualitätssicherungsmaßnahmen des Gesundheitsbetriebs Einfluss nimmt.

Die *Bundesgeschäftsstelle Qualitätssicherung gGmbH (BQS)*, Düsseldorf, leitet und koordiniert seit 2001 die externe Qualitätssicherung in den deutschen Krankenhäusern. Als Gesellschafter fungieren die *Bundesärztekammer (BÄK)*, die *Deutsche Krankenhausgesellschaft e.V. (DKG)*, Berlin sowie Spitzenverbände der Krankenkassen und der *Privaten Krankenversicherung (PKV)*. Ihr Auftrag ist es, wissenschaftlich fundierte Aussagen über die medizinische und pflegerische Qualität zur Verfügung zu stellen, wozu sie anhand der Daten von ca. 20 Prozent der stationären Behandlungsfälle in deutschen Krankenhäusern einen bundesweiten Vergleich von medizinischen und pflegerischen Krankenhausleistungen durchführt. Die Ergebnisse werden den Krankenhäusern in Form von Berichten und Empfehlungen zur Verfügung gestellt, auffällige Ergebnisse gemeinsam mit den betroffenen Krankenhäusern analysiert, die wiederum vereinbarte Verbesserungsmaßnahmen umsetzen.

Der *Gemeinsame Bundesausschuss (GBA)* bestimmt als oberstes Beschlussgremium der gemeinsamen Selbstverwaltung der Ärzte, Zahnärzte, Psychotherapeuten, Krankenhäuser und Krankenkassen in Deutschland in Form von Richtlinien den Leistungskatalog der *Gesetzlichen Krankenversicherung (GKV)* und beschließt Maßnahmen der Qualitätssicherung für den ambulanten und stationären Bereich des Gesundheitswesens. Er setzt sich aus unparteiischen Mitgliedern, Vertretern der Kostenträger und Vertretern der Leistungserbringer zusammen. Alle Entscheidungen zur externen Qualitätssicherung werden sektorenübergreifend im "Unterausschuss Qualitätssicherung" vorbereitet.

Das *Institut für Qualität und Wirtschaftlichkeit im Gesundheitswesen (IQWiG)*, Köln, wurde als unabhängiges wissenschaftliches Institut gegründet. Es untersucht den Nutzen medizinischer Leistungen für Patientinnen und Patienten und erforscht, was therapeutisch und diagnostisch möglich und sinnvoll ist. Das Institut wurde als eine Einrichtung der Stiftung für Qualität und Wirtschaftlichkeit im Gesundheitswesen gegründet und ist im Auftrag des *GBA* sowie des *Bundesgesundheitsministeriums (BMG)* tätig. Zu den Aufgaben gehört unter anderem die Bewertung von Operations- und Diagnoseverfahren, Arzneimitteln sowie Behandlungsleitlinien. Auf der Basis der evidenzbasierten Medizin erarbeitet das *IQWiG* außerdem die Grundlagen für neue *Disease Management Programme (DMP)*.

Das *Ärztliche Zentrum für Qualität in der Medizin (ÄZQ)*, Berlin, wurde von der *Bundesärztekammer (BÄK)* und *Kassenärztlicher Bundesvereinigung (KBV)* zur Unterstützung bei ihren Aufgaben im Bereich der Qualitätssicherung und der ärztlichen Berufsausübung als Kompetenzzentrum für medizinische Leitlinien, Patienteninformationen, Patientensicherheit, evidenzbasierte Medizin und Wissensmanagement gegründet. Zu seinen wesentlichen Aufgaben zählen die Entwicklung und Implementierung nationaler Versorgungsleitlinien und Patientenleitlinien für prioritäre Versorgungsbereiche, die Verbreitung ausgewählter Leitlinien für ambulante und stationäre Versorgung, die Entwicklung und Beurteilung von Methoden und Instrumenten der Qualitätsförderung und Transparenz in der Medizin, die Patientensicherheit/Fehlervermeidung, Qualitäts- und Wissensmanagement in der Medizin sowie Initiierung und Weiterentwicklung der evidenzbasierten Medizin.

Die *Medizinischen Dienste* der Krankenkassen und ihrer Spitzenverbände (*Medizinischer Dienst der Krankenversicherung, MDK* und *Medizinischer Dienst der Spitzenverbände der Krankenversicherung, MDS*, Berlin) beraten die gesetzlichen Krankenkassen und ihre Verbände in grundsätzlichen Fragen der präventiven, kurativen und rehabilitativen Versorgung sowie bei der Gestaltung der Leistungs- und Versorgungsstrukturen, wozu unter anderem auch die Qualitätssicherung in der ambulanten und der stationären Versorgung gehört. Beim *MDK Baden-Württemberg wird* ein eigenes *Kompetenz-Centrum Qualitätssicherung / Qualitätsmanagement (KCQ)* betrieben.

Zu ihren Aufgaben zählt auch der sogenannte *Pflege-TÜV*, die Prüfung von stationären Pflegeeinrichtungen und ambulanten Pflegeanbietern durch unangekündigte Prüfungen nach vorab definierten Kriterien und in regelmäßigen Abständen. Die Prüfungsergebnisse werden zu Transparenzberichten zusammengefasst und durch die Pflegeanbieter sowie den Landesverbänden der Pflegekassen veröffentlicht.

Das *Paul-Ehrlich-Institut (PEI)*, Langen, ist für die Genehmigung klinischer Prüfungen und die Zulassung bestimmter Arzneimittelgruppen zuständig. Es konzentriert sich auf biomedizinische Arzneimittel wie Impfstoffe, Antikörper enthaltende Arzneimittel, Allergene für Therapie und Diagnostik, Blut, Blutprodukte und Gewebe sowie Arzneimittel für Gentherapie, somatische Zelltherapie und xenogene Zelltherapie. Dazu werden herstellerunabhängige staatliche experimentelle Chargenprüfungen, eigene experimentelle Forschungen sowie Kontrollen im Prüflabor für In-vitro-Diagnostika durchgeführt.

Neben den aufgeführten Institutionen hinaus beschäftigen sich in Deutschland mit Qualitätssicherung und Qualitätsentwicklung in Medizin und Gesundheitswesen unter anderem die Mitgliedsgesellschaften der *Arbeitsgemeinschaft der Wissenschaftlichen Medizinischen Fachgesellschaften (AWMF)*, Düsseldorf, die *Gesellschaft für Qualitätsmanagement in der Gesundheitsversorgung* (GQMG) e.V., Hamburg, das *Deutsche Netzwerk für Qualitätsentwicklung in der Pflege (DNQP)*, Osnabrück, der *Deutsche Pflegerat* (DPR) e.V., Berlin, die *Landesärztekammern* und die *Bundesärztekammer*, die *Landeszahnärztekammern* und *Bundeszahnärztekammer*, die *Kassenärztlichen Vereinigungen* und *Kassenärztliche Bundesvereinigung (KBV)*, die *Kassenzahnärztlichen Vereinigungen* und die *Kassenzahnärztliche Bundesvereinigung (KZBV)*, die *Krankenhausgesellschaften* und *Deutsche Krankenhausgesellschaft (DKG)* bis hin zur *Deutsche Rentenversicherung Bund*, Berlin.

7.3 Medizinisches Qualitätsmanagement nach ISO 9000ff

Bei der *DIN EN ISO 9000ff* handelt es sich um eine *Normenfamilie* der *International Organization for Standardization (ISO)*, Genf, die auch mit der gleichen Bezeichnung auf europäischer Ebene und als *DIN*-Norm beim *Deutschen Institut für Normung (DIN) e.V.*, Berlin, verwendet wird. Sie stellt im Gegensatz zu den überwiegend technischen Normen eine Gruppe von Managementsystemnormen dar, die sich auch auf Gesundheitsbetriebe übertragen lassen. Der Kerngedanke ist, einen Weg zur Schaffung von Kompetenz und Vertrauen in die Qualitätsfähigkeit eines Gesundheitsbetriebs aufzuzeigen. Der Patient soll sich darauf verlassen können, dass seine Qualitätsforderungen an die Behandlungsleistungen und medizinisch-technischen Produkte erfüllt werden. Damit wird deutlich, dass im Fokus der *ISO 9000ff* die Patientenzufriedenheit steht. Die Regelungen der Norm tragen dazu bei, dieses Ziel vorrangig zu erreichen.

Als Angebotsprodukte lassen sich die angebotenen Leistungen wie Untersuchung, Operation, Therapie oder Pflege ansehen, die im Rahmen des Dienstes am Patienten erbracht werden. Die *ISO 9000ff* beschreibt dabei, was durch die Elemente eines Qualitätsmanagementsystems erfüllt werden soll, nicht aber, wie der Gesundheitsbetrieb diese Elemente ausgestalten und umsetzen muss. Denn so verschieden die einzelnen Betriebe alleine schon aufgrund der unterschiedlichen Fachdisziplinen sind, so angepasst und individuell müssen auch die zur Anwendung gelangenden Qualitätsmanagementsysteme sein.

Die Darlegungsmodelle (*ISO 9001-9003*) haben das Ziel, das Vertrauen des Patienten in das Qualitätsmanagementsystem der Arztpraxis sicherzustellen. Sie dienen der externen Darlegung und bilden die Basis für eine Zertifizierung. Inhaltlich unterscheiden sie sich dahingehend, dass sie in ihrem Umfang unterschiedliche Prozessstufen der Erstellung von Behandlungs- und Serviceleistungen im Gesundheitsbetrieb berücksichtigen. Die Modelle legen fest, was für die einzelnen Qualitätsmanagementelemente gefordert wird und darzulegen ist.

Zu den wesentlichen *Elementen* eines Qualitätsmanagements nach *ISO 9000ff* zählen insbesondere (siehe **Abbildung 7.1**):

■ *Leitung des Gesundheitsbetriebs*: Sie muss die Zielsetzung und Vorgehensweise festlegen, wobei aus den betrieblichen Zielen Qualitätsziele abzuleiten sind. Ferner sind die Qualitätspolitik des Betriebs zu bestimmen und sicherzustellen, dass sie eingehalten wird. Es muss dafür gesorgt werden, dass Zuständigkeiten, Verantwortlichkeiten und Befugnisse festgelegt sind. Ferner müssen die erforderlichen Mittel für ein Qualitätsmanagement bereitgestellt werden. Zudem muss für eine angemessene Ausbildung der Mitarbeiter gesorgt werden.

■ *Qualitätsmanagementhandbuch*: Es beschreibt das im Rahmen der Qualitätspolitik erstellte Qualitätsmanagementsystem des Gesundheitsbetriebs. Es erläutert, wie im Gesundheitsbetrieb die Zuständigkeiten, die Tätigkeiten und Abläufe sowie die Dokumentation zur Erfüllung der Forderungen der einzelnen Elemente gehandhabt werden.

■ *Verfahrensbeschreibungen*: Sie dokumentieren die Art und Weise, eine Tätigkeit im Gesundheitsbetrieb auszuführen. Dazu lassen sich Ablaufdiagramme zur Dokumentation der Verfahrensbeschreibungen im Qualitätsmanagementhandbuch nutzen. Es muss sichergestellt sein, dass die Verfahren und Anweisungen im betrieblichen Ablauf beachtet werden.

■ *Neu- und Weiterentwicklung*: Um eine organisierte Weiterentwicklung von Behandlungsleistungen, medizinischen Produkten oder Therapien zu gewährleisten, müssen Verantwortlichkeiten und Verfahren festgelegt sein, damit das Entstehen neuer Leistungsangebote nicht dem Zufall überlassen, sondern durch geplantes und systematisches Vorgehen das gewünschte Ziel möglichst effizient erreicht wird. Dazu sind Verfahren zur Gestaltung der Weiterentwicklung festzulegen, um auch während der Umstellung auf eine neue Behandlungsmethode die Qualitätsanforderungen einzuhalten. Zudem gilt es, vor der Anwendung ausreichende Prüfungen durchzuführen und zu dokumentieren.

■ *Dokumente und Patientendaten*: Die Herausgabe von Dokumenten und Patientendaten muss geregelt, die Freigabe darf nur durch befugtes Personal erfolgen, entsprechende Überwachungsverfahren für die Vollzähligkeit und -ständigkeit der Patientenunterlagen müssen eingerichtet sein. Änderungen in den Patientendaten und sonstigen Dokumenten müssen eingearbeitet, überprüft und freigegeben werden.

■ *Rückverfolgbarkeit*: Die Nachvollziehbarkeit einer Behandlungsleistung muss gewährleistet sein, was aber durch die medizinische Behandlungsdokumentation in der Regel hinreichend gegeben ist.

■ *Prozesssteuerung*: Alle Abläufe müssen unter beherrschten Bedingungen durchgeführt werden, Kriterien zur Arbeitsausführung beispielsweise in Form von Arbeitsanweisungen für festgelegt sein. Regelmäßige Instandhaltungsmaßnahmen von Behandlungseinrichtungen müssen durchgeführt werden, um einen Ausfall der Betriebsfähigkeit zu verhindern. Einschlägige Gesetze, Verordnungen und Normen sind zu beachten.

■ *Prüfungen*: Es muss sichergestellt sein, dass alle Behandlungsmaßnahmen und sonstigen Leistungen den einschlägigen Qualitätsforderungen entsprechen. Regelungen und Zuständigkeiten für die Prüfung von Laboruntersuchungen oder Abrechnungsunterlagen müssen vorhanden sein. Ferner sollen Nachweise darüber geführt werden, dass alle zur Anwendung gelangenden medizinischen Produkte, geprüft und zugelassen sind.

■ *Messeinrichtungen*: Die zu Prüfzwecken verwendeten medizinischtechnischen Messeinrichtungen sind mit der erforderlichen Genauigkeit auszuwählen, sie müssen regelmäßig überwacht, gewartet und kalibriert werden, ihr jeweiliger Kalibrierzustand muss erkennbar sein und dokumentiert werden.

■ *Prüfzustand*: Der Prüfstatus einer Leistung muss jederzeit erkennbar sein. Ob eine Blut- oder Urinprobe untersucht wurde oder nicht, bzw. mit welchem Ergebnis die Untersuchung endete, muss auch für Mitarbeiter ersichtlich sein, die nicht mit der Untersuchung beauftragt waren.

■ *Korrektur- und Vorbeugungsmaßnahmen*: Um Fehlerursachen aufzufinden und Wiederholfehler zu vermeiden, müssen Verfahren existieren, die Fehler entdecken, analysieren und beseitigen können. Erforderliche Korrektur- und Vorbeugungsmaßnahmen müssen durchgeführt und hinsichtlich ihrer Wirksamkeit überprüft werden.

■ *Qualitätsaufzeichnungen*: Aufzeichnungen und Unterlagen, aus denen die Behandlungs- und Servicequalität hervorgeht, müssen leserlich, zuordbar und leicht auffindbar sein. Zudem müssen diese unter Berücksichtigung vorgeschriebener Aufbewahrungsfristen angemessen archiviert werden.

■ *Interne Qualitätsprüfungen*: Sie dienen dazu, die zu einem Qualitätsmanagementsystem gehörenden Elemente regelmäßig auf Wirksamkeit und Eignung zur Erfüllung der Qualitätsziele zu überprüfen, um vorhandene Schwachstellen und Defizite zu erkennen und gegebenenfalls Verbesserungen durchzuführen. Gegenstand einer derartigen regelmäßigen Überprüfung können die Aufbau- und Ablauforganisation des Gesundheitsbetriebs, die Qualifikation und der Einsatz der Mitarbeiter, die Verwaltung und die eingesetzten Hilfsmittel, die Behandlungsausführung und die dazugehörige Dokumentation sowie die Einhaltung von Korrekturmaßnahmen aus vorausgegangenen Überprüfungen sein.

■ *Aus- und Weiterbildung*: Die Mitarbeiter des Gesundheitsbetriebs müssen für ihre Aufgaben ausreichend qualifiziert und geschult erden, um die gewünschten Leistungen erbringen zu können. Der Bedarf hierfür muss ermittelt und die Aus- und Weiterbildungsmaßnahmen müssen gemäß Planung durchgeführt werden.

■ *Nachbetreuung*: Ein vorrangiges Ziel besteht nicht nur darin, Verfahren für eine medizinisch notwendige Nachbetreuung festzulegen, sondern auch Rückmeldungen vom Patienten über die Behandlungsleistung zu erhalten, um diese Informationen zur ständigen Verbesserung des Leistungsangebotes des Gesundheitsbetriebs zu nutzen.

Abbildung 7.1   Elemente des Qualitätsmanagements im Gesundheitsbetrieb nach *ISO 9000ff.*

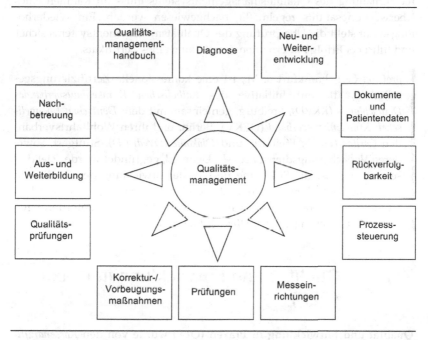

Die **Zertifizierung** eines Qualitätsmanagementsystems ist die Bestätigung
eines unabhängigen, sachverständigen Dritten, dass im Gesundheitsbetrieb
ein Qualitätsmanagementsystem dokumentiert und eingeführt ist sowie
aufrechterhalten wird. Zur Vorbereitung auf ein Zertifizierungsaudit ist
unter anderem zu klären, ob der Gesamtbetrieb als Ganzes oder nur Teilbereiche zertifiziert werden sollen, welche Mitarbeiter daran beteiligt sind,
welche Norm für die Zertifizierung zugrunde gelegt wird und wann das
Zertifizierungsaudit durchgeführt werden soll. Die Durchführung eines
betriebsinternen Audits anhand des Qualitätsmanagementhandbuchs oder
Checklisten vorab, lässt die Erfolgschancen des eigentlichen Zertifizie-
rungsaudits steigen. Bei den Zertifizierungsgesellschaften handelt es sich
um Organisationen, die durch ihre Audits feststellen, ob das Qualitätsmanagementsystem im Gesundheitsbetrieb so funktioniert, wie es beschrieben

ist, und die gegebenenfalls Verbesserungspotenziale aufzeigen. Das erteilte Zertifikat hat in der Regel eine begrenzte Gültigkeitsdauer, und die Aufrechterhaltung des Qualitätsmanagementsystems muss im Rahmen eines Überwachungsaudits regelmäßig nachgewiesen werden. Ein Wiederholungsaudit stellt die Überprüfung des Qualitätsmanagementsystems sicher und führt bei Erfolg zur erneuten Ausstellung eines Zertifikats.

> *proCum Cert*, Frankfurt a. M., ist eine konfessionelle Zertifizierungsgesellschaft, die auf Initiative des *Katholischen Krankenhausverbandes Deutschlands (KKVD)*, Freiburg, gemeinsam mit dem *Deutschen Evangelischen Krankenhausverband* (DEKV), Berlin, und ihren Wohlfahrtsverbänden *Caritas (DCV)*, Freiburg, und *Diakonie (DWdEKD)*, Stuttgart, sowie deren Versicherungsdienst *Ecclesia*, Detmold, gegründet wurde. Ziel dieser Initiative ist die Sicherung und Weiterentwicklung der Qualität in kirchlichen Krankenhäusern und sozialen Einrichtungen. Begutachtet werden unter anderem verbandseigene Zertifizierungsanforderungen sowie Zertifizierungen nach *DIN EN ISO 9001*.

7.4   Qualität und Entwicklung in Praxen (QEP)

Qualität und Entwicklung in Praxen (QEP) wurde von den *Kassenärztlichen Vereinigungen* und der *Kassenärztlichen Bundesvereinigung (KBV)* in Zusammenarbeit mit niedergelassenen Ärzten und Psychotherapeuten sowie mit Qualitätsmanagementexperten unter Einbeziehung von Berufsverbänden und Arzthelferinnen speziell für Arztpraxen entwickelt, um die gesetzlichen Anforderungen optimierend in der einzelnen Praxis umzusetzen. Nach Angaben der *KBV* wurde *QEP* in 61 Praxen aller Fachgruppen getestet und extern evaluiert. Mit der flächendeckenden Einführung des Verfahrens wurde 2005 begonnen.

QEP besteht im Wesentlichen aus drei Bausteinen: Qualitätsziel-Katalog mit Kernzielen und Erläuterungen, Manual mit Umsetzungsvorschlägen und Musterdokumenten sowie Einführungsseminare für niedergelassene Ärzte und deren Personal.

Der **Qualitätsziel-Katalog** besteht aus den Kapiteln Patientenversorgung, Patientenrechte und Patientensicherheit, Mitarbeiter und Fortbildung, Praxisführung und -organisation sowie Aufgaben der Qualitätsentwicklung, die prozessorientiert in Anlehnung an den Ablauf der Patientenversorgung gestaltet sind. Die Qualitätsziele bilden die vielfältigen Aspekte und Inhalte der Arbeit von Arztpraxen ab und sollen als Anregung und Ideenpool genutzt werden. Sie decken einerseits aber auch ein breites Spektrum allgemeingültiger, qualitätsrelevanter Anforderungen an eine Praxis ab und greifen andererseits bestehende gesetzliche Verpflichtungen und normative Vorgaben auf, was die Einhaltung der gesetzlichen Vorgaben unterstützt. Anhand der Erfahrungen aus den Testanwendungen wurden als Kernziele dabei diejenigen Ziele besonders hervorgehoben und priorisiert, deren Umsetzung einen hohen Stellenwert für den Aufbau eines Qualitätsmanagementsystems, die Erfüllung der gesetzlichen Vorgaben zum praxisinternen QM oder beispielsweise die Einhaltung bestehender Vorschriften hat.

Das **Manual** umfasst insbesondere Vorschläge zur Umsetzung der Kernziele des Qualitätsziel-Kataloges:

- Muster-Dokumente und Checklisten, zur Anpassung für das eigene individuelle Praxishandbuch,

- Hinweise zu Art und Umfang der Dokumentation für eine eventuelle Zertifizierung,

- Tipps und Hilfen zu organisatorischen Aspekten wie Terminplanung und Datensicherheit oder zur Beschreibung von Behandlungsabläufen,

- Maßnahmenpläne und Selbstbewertungslisten für den Aufbau des QM-Systems in der Praxis,

- Beispiele für interne Regelungen,

- Checkliste für die Selbst- und Fremdbewertung als Vorbereitung auf eine eventuelle Zertifizierung.

Die **Einführungsseminare** für Ärzte, Psychotherapeuten und Mitarbeiter werden von den Kassenärztlichen Vereinigungen und den Berufsverbänden nach einem einheitlichen Curriculum angeboten. Sie vermitteln Grundvoraussetzungen für die Einführung von QEP in der eigenen Praxis.

QEP sieht ebenfalls die Möglichkeit einer **Zertifizierung** vor. Dabei wird die Umsetzung aller relevanten Nachweise bzw. Indikatoren des Qualitätsziel-Katalogs durch die Praxis von einem neutralen Dritten geprüft und bestätigt. Nach einer strukturierten Selbstbewertung anhand des Qualitätsziel-Kataloges oder der Checklisten im *QEP*-Manual, die Aufschlüsse darüber gibt, ob die Zertifizierungsreife gegeben ist, wird eine von der KBV akkreditierte Zertifizierungsstelle mit der Zertifizierung beauftragt. Sie hat folgende Aufgaben:

- Ansprechpartner im Zertifizierungsverfahren,

- Organisation des Zertifizierungsverfahrens,

- Vereinbarung eines Zertifizierungsvertrags mit der Praxis,

- formale Dokumentenprüfung,

- Beauftragung des Visitors,

- Entscheidung, ob ein Zertifikat vergeben wird.

Als **Visitoren** gelangen Ärzte, Psychotherapeuten oder andere Personen mit beruflicher Erfahrung aus dem ambulanten Gesundheitswesen zum Einsatz, die nach der Teilnahme an einem Visitorentraining und Qualifizierungsvisitationen von der *KBV* akkreditiert und berechtigt sind, nach dem *QEP*-Verfahren Praxisvisitationen durchzuführen. Die Visitoren

- schließen einen Dienstleistungsvertrag mit der Zertifizierungsstelle ab,

- führen die Praxisvisitation durch,

- überprüfen die Praxisdokumente inhaltlich,

- erstellen den Visitationsbericht und

- geben der Zertifizierungsstelle bezüglich der Zertifikatvergabe eine Empfehlung.

Die *KBV* ist zwar Träger und Entwickler von *QEP* und seinen verschiedenen Bausteinen, an der operativen Durchführung des *QEP*-Zertifizierungsverfahrens für Praxen nimmt sie jedoch nicht teil. Die *KBV*

- akkreditiert die Zertifizierungsstellen und die Visitoren,

- schließt mit diesen Rahmenvereinbarungen ab,

- überwacht die Zertifizierungsverfahren,

- führt jährliche Geschäftstellenvisitationen der Zertifizierungsstellen durch,

- wertet die Evaluationsbögen der Praxen aus,

- betreibt Weiterentwicklungen und Verfahrensanpassungen von *QEP*,

- führt mit den niedergelassenen Ärzten und Psychotherapeuten, KV-Mitarbeitern, Trainern, Visitoren, Zertifizierungsstellen etc. Tagungen und Workshops durch.

Im Zertifizierungsverfahren überprüft die Zertifizierungsstelle zunächst, ob die Praxis alle notwendigen Dokumente des QM-Praxishandbuches eingereicht hat. Der Visitor begutachtet anschließend, inwieweit die Inhalte des QM-Praxishandbuches den Vorgaben des Qualitätsziel-Kataloges entsprechen und ob bestimmte Nachweise bereits erfüllt sind. Im Rahmen der Praxisvisitation vor Ort überprüft der Visitor durch eine Praxisbegehung, Mitarbeitergespräche, Gesprächen mit der Praxisleitung und Überprüfung von Dokumenten in der Praxis, inwieweit die praktische Umsetzung in der Praxis den Anforderungen des Qualitätsziel-Kataloges entspricht. Für die Zertifikaterteilung gibt es Bestehensgrenzen. So muss je anwendbares Kernziel ein Nachweis erfüllt sein. Die Möglichkeit einer Nachbesserung ist vorgesehen (siehe **Abbildung 7.2**).

Abbildung 7.2   Überprüfung im *QEP*-Zertifizierungsverfahren.

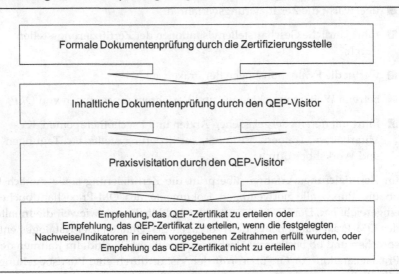

Die *KBV* empfiehlt eine schrittweise Einführung von QEP und den Beginn mit grundlegenden Aktivitäten:

- „Einführung regelmäßiger Teamsitzungen,

- Planung des weiteren Vorgehens (Projektplan,)

- Festlegung von Verantwortlichkeiten und Aufgaben (zum Beispiel als Matrix),

- Erstellung eines Praxis-Organigramms,

- Darstellung des Leistungsspektrums,

- Festlegung von Qualitätszielen,

- Prozessbeschreibungen der häufigsten Patientenversorgungs- und Organisationsabläufe,

- Arbeitsplatz-, bzw. Stellen- oder Aufgabenbeschreibungen,

- Erstellung einer Patienteninformationsbroschüre,

- · Liste mit Verbesserungsprojekten,

- Erarbeitung eines Praxis-Leitbilds,

- Durchführung einer ersten Patientenbefragung usw."

7.5   Europäisches Praxisassessment (EPA)

Ein Qualitätsmanagement für Arztpraxen bietet auch das **Europäisches Praxisassessment (EPA)** des *AQUA-Institut für angewandte Qualitätsförderung und Forschung im Gesundheitswesen GmbH*, Göttingen. Letzteres entstand im Rahmen einer Kooperation von Wissenschaftlern der Universitäten Göttingen und Hannover aus der 1993 gegründeten *Arbeitsgemeinschaft Qualitätssicherung in der ambulanten Versorgung*.

Vor dem Hintergrund in mehreren Ländern erfolgreich eingesetzter Programme zur Qualitätsförderung und Professionalisierung in der Allgemeinmedizin, insbesondere australischer, kanadischer und holländischer Visitationskonzepte, wurde *EPA* im Jahr 2000 von einer Gruppe von Qualitätsexperten aus dem hausärztlichen Arbeitsbereich gemeinsam mit der *Bertelsmann Stiftung* gegründet. An der Entwicklung und Pilotierung waren neben dem *AQUA-Institut* unter anderem die *Austrian Medical Association*, Wien, die *Wetenschappelijke Vereiniging van Vlaamse Huisartsen*, Berchem, das *SwissPEP – Institut*, Gümligen, die *Société Francaise de Thérapeutique du Généraliste*, Paris, das *National Primary Care R&D Centre*, Manchester, das *Family Medicine Department*, Haifa, sowie *University Ljubljana* beteiligt.

EPA sieht neben einem Grundmodell für Hausärzte spezielle, modifizierte Systeme für

- Kinder- und Jugendmediziner,

- Zahnmediziner,

- Medizinische Versorgungszentren (MVZ) und

- Ärzte sonstiger Fachrichtungen

vor.

So stellt beispielsweise *EPA MVZ* eine Weiterentwicklung des Europäischen Praxisassessment für ambulante Arztpraxen dar. Anhand von rund 80 MVZ-spezifischen Qualitätsindikatoren werden Potenziale zur Verbesserung der Organisation und medizinischen Qualität für jede medizinische Einheit des MVZ sowie für die Gesamteinrichtung ermittelt (siehe **Abbildung 7.3**).

Eine Zertifizierung durch die Stiftung *Praxissiegel e. V.* lässt sich optional erwerben, wenn das jeweilige MVZ das *EPA*-Verfahren vollständig durchlaufen hat, die Basisanforderungen zur Einführung von *EPA* erfüllt, jede medizinische Einheit des MVZ mit Zertifizierungskriterien für Einzel- bzw. Gemeinschaftspraxen die festgelegten Anforderungen erfüllen und zusätzlich für das gesamte MVZ 10 MVZ-spezifische Zertifizierungskriterien eingehalten werden. Das Zertifikat ist drei Jahre gültig. Danach ist eine Rezertifizierung möglich.

Abbildung 7.3   Struktureller Ablauf *EPA-MVZ.*

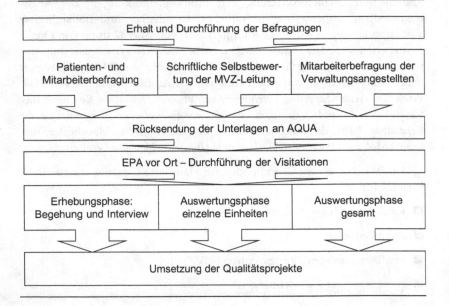

Aufgrund der unterschiedlichen Verfahren, Schwerpunkte, Herangehensweisen und Ausrichtungen ergibt sich zwischen ISO, QEP und EPA üblicherweise keine unmittelbare Konkurrenz. Insbesondere Krankenhäuser und Pflegeeinrichtungen wenden ohnehin überwiegend andere QM-Systeme, mit auf sie ausgerichteten speziellen Schwerpunkten an.

7.6 Kooperation für Transparenz und Qualität im Gesundheitswesen (KTQ)

Die **Kooperation für Transparenz und Qualität im Gesundheitswesen (KTQ)**, Berlin, ist ein im Krankenhausbereich weit verbreitetes Zertifizierungsverfahren zur Darlegung und Begutachtung von Qualitätsmanagementsystemen im Gesundheitswesen. KTQ steht dabei als eingetragenes Warenzeichen für die gleichnamige Gesellschaft und das von ihr angewendete Verfahren. Gesellschafter sind Krankenkassenverbände, die *Bundesärztekammer (BÄK)*, die *Deutsche Krankenhausgesellschaft (DKG) e.V.*, der *Deutsche Pflegerat (DPR) e.V.* sowie der *Hartmannbund e.V.*, Berlin.

Die Kooperation wurde 1997 gegründet, um angesichts der sich abzeichnenden gesetzlichen Verpflichtung, ein Qualitätsmanagement einzuführen, ein Zertifizierungsverfahren für Krankenhäuser zu entwickeln. Mittlerweile sind nicht nur eine Vielzahl von Krankenhäusern nach dem *KTQ*-Verfahren zertifiziert, sondern auch Arztpraxen, Pflegeeinrichtungen etc.

Das *Universitätsklinikum Freiburg i. Breisgau* wurde als eine der größten Gesundheitsbetriebe, die über ein *KTQ*-zertifiziertes Qualitätsmanagement verfügen, 2005 erstmalig zertifiziert. 2008 erfolgte das Wiederholungsaudit. Ebenfalls nach *KTQ* zertifiziert ist beispielsweise das *LWL Pflegezentrum Marsberg*, als Einrichtung der stationären Altenhilfe.

Das **Zertifizierungsverfahren** beginnt mit einer **Selbstbewertung** des Gesundheitsbetriebs, bei der die Mitarbeiter ihre Leistungen anhand eines Kriterienkatalogs in den Kategorien

■ Patientenorientierung,

■ Mitarbeiterorientierung,

■ Sicherheit,

■ Informationswesen,

■ Führung und

■ Qualitätsmanagement

im Sinne einer Analyse des Ist-Zustands beurteilen.

Bei der Patientenorientierung wird der klassische Weg eines Patienten durch den Gesundheitsbetrieb dargestellt. Dazu gehört die Aufnahme des Patienten, die Ersteinschätzung, die Behandlungsplanung und -durchführung, die Entlassung und die interne Überprüfung der Patientenorientierung.

Die Sicherstellung der Mitarbeiterorientierung stellt die zweite Kategorie dar. Sie wird durch die Unterthemen der Personalplanung, der Mitarbeiterqualifikation und die Mitarbeiterintegration abgebildet.

In der Kategorie Sicherheit werden die Gewährleistung sicherer Arbeitsbedingungen, die betriebliche Hygiene und der Umgang mit medizinischen Materialien aufgeführt. Dazu gehören beispielsweise die Angelegenheiten des Umweltschutzes, des Arbeitsschutzes und des Umgangs mit Hygienerichtlinien.

Die Kategorie Informations- und Kommunikationssysteme handelt vom Umgang mit Patientendaten, der Informationsweiterleitung und der Nutzung von IuK-Technologien im Gesundheitsbetrieb.

Die Führung ist eine weitere eigenständige Kategorie der KTQ. Unterthemen sind hierzu die Entwicklung eines Leitbildes, eines Zielsystems, sowie die Erfüllung ethischer Aufgaben.

Die Kategorie des Qualitätsmanagements trägt zum systematischen Aufbau und Überprüfung des Qualitätsmanagementsystems des Gesundheitsbetriebs bei. Dazu gehören die Einbindung aller betrieblichen Bereiche in das Qualitätsmanagement, die Durchführung qualitätssichernder Maßnahmen, die Entwicklung von Leitlinien und Standards sowie die Sammlung und Pflege qualitätsrelevanter Daten.

Anhand einer einheitlichen Bewertungssystematik sollen dabei die Planung der Prozesse, auf die sich das jeweilige Kriterium bezieht, sowie die geregelten Verantwortlichkeiten (Plan), der „Ist-Zustand" bzw. die Umsetzung der Prozesse, auf die sich das Kriterium bezieht, (Do), die regelmäßige, nachvollziehbare Überprüfung und Bewertung der Zielerreichung der zuvor dargestellten Prozesse anhand von Messzahlen (Check) und die in eine erneute Prozessplanung eingehenden Verbesserungsmaßnahmen aufgrund der zuvor dargestellten Prozesse (Act) beschrieben werden. Darüber hinaus werden bewertet der

■ *Erreichungsgrad*: Qualität der Kriterienerfüllung sowie der

■ *Durchdringungsgrad*: Breite der Umsetzung in allen für die entsprechende Einrichtung zutreffenden Bereiche.

Im Bereich zu zertifizierender Arzt- und Zahnarztpraxen beschränkt sich die Überprüfung auf das Maß der Anforderungserfüllung (siehe **Abbildung 7.4**).

Abbildung 7.4   Zertifizierungsverfahren nach *KTQ*.

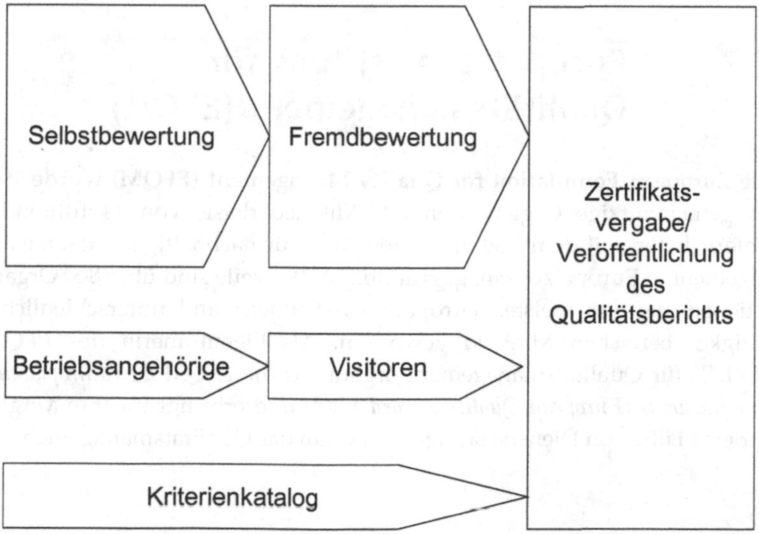

Bei der anschließenden **Fremdbewertung** überprüfen Visitoren einer *KTQ*-Zertifizierungsstelle anhand der Ergebnisse der Selbstbewertung, dialog-orientierten Befragungen und Begehungen. Bei den Visitoren handelt es sich in der Regel um aktive Führungskräfte (beispielsweise aus den Berei-chen Ärztlicher Dienst, Pflegedienst, Verwaltung oder Management) als Fachkollegen und Gutachter, die von bei der *KTQ* akkreditierten Zertifizie-rungsstellen entsandt werden. Die Fremdbewertung dauert, je nach Größe des Gesundheitsbetriebs, häufig mehrere Tage.

Die erfolgreiche Auditierung endet mit der Übergabe des in der Regel für drei Jahre vergebenen Zertifikats sowie der Veröffentlichung eines **Quali-tätsberichtes** des Gesundheitsbetriebs, der die konkreten Leistungen sowie Strukturdaten des Betriebes enthält und diese Prozessabläufe für die Öf-fentlichkeit transparent macht. Er wird auf der *KTQ*-Homepage veröffent-licht und ist auch von dem Gesundheitsbetrieb bereitzustellen. Jährliche Wiederholungsaudits, wie beispielsweise bei *DIN EN ISO 9000ff*, sind bei *KTQ* nicht vorgesehen. Auch gilt die Zertifizierung stets für den gesamten Gesundheitsbetrieb, sodass Teilzertifizierungen einzelner Bereiche, wie beispielsweise Verwaltung, Pflegedienst oder Patientenaufnahme, nicht möglich sind.

7.7 Europäische Stiftung für Qualitätsmanagement (EFQM)

Die **European Foundation for Quality Management (EFQM)** wurde 1988 als gemeinnützige Organisation auf Mitgliederbasis von 14 führenden Unternehmen mit dem Ziel, treibende Kraft für nachhaltiges Qualitätsma-nagement in Europa zu sein, gegründet. Mittlerweile sind über 800 Organi-sationen aus den meisten europäischen Ländern und unterschiedlichen Tätigkeitsbereichen Mitglied geworden. Als Eigentümerin des *EFQM*-Modells für Qualitätsmanagement organisiert die *EFQM* den *Europäischen Qualitätspreis (European Quality Award EOA)* und erbringt für ihre Mitglie-der eine Fülle von Dienstleistungen rund um das Qualitätsmanagement.

Das Qualitätsmanagement der *Mittelrhein-Klinik*, Bad Salzig, erfolgt beispielsweise nach den Kriterien des *EFQM*-Modells. Da alle trägereigenen Kliniken der *Deutschen Rentenversicherung Rheinland-Pfalz* ebenfalls danach arbeiten, sind Möglichkeiten für Ergebnisvergleiche, Zusammenarbeit und Erfahrungsaustausch gegeben. Als Beispiel einer Arztpraxis, die nach *EFQM* arbeitet, kann die *Arztpraxis Breisach* im gleichnamigen Ort angesehen werden. Sie gehört zur *QP Qualitätspraxen GmbH*, die als südbadischer Verbund von Hausärzten das *EFQM*-Modell anwenden.

Das **EFQM-Modell** für Qualitätsmanagement ist ein Werkzeug, das dem Gesundheitsbetrieb eine Hilfestellung gibt und zugleich aufzeigt, wo er sich auf dem Weg zu einem Qualitätsmanagementsystem befindet. Es trägt dazu bei, Schwachstellen in der betrieblichen Praxis zu erkennen und regt zu Problemlösungen an. Die *EFQM* hält das Modell mithilfe bewährter Vorgehensweisen einer Vielzahl von Organisationen aktuell und versucht dadurch sicherzustellen, dass sich das Modell mit dem jeweils aktuellen Managementwissen in Einklang befindet. Grundlage des Modells bilden verschiedene Grundprinzipien (siehe **Tabelle 7.2**).

Tabelle 7.2   Grundprinzipien des *EFQM*-Modells.

Prinzip	Erläuterung
Patientenorientierung	Erbrachte Leistung des Gesundheitsbetriebs muss den Wünschen und Bedürfnissen der Patienten entsprechen, um nachhaltig erfolgreich am Markt agieren zu können. Nur dann kann der Gesundheitsbetrieb Umsätze generieren, seine Ziele erreichen und weiterhin am Marktgeschehen teilnehmen.
Lieferantenorientierung	Vertrauensvolle Zusammenarbeit, denn die Leistungen der Zulieferer gehen als Input in Leistungserstellung des Gesundheitsbetriebs ein und wirken sich somit auf die Qualität der Behandlungsleistung aus.

Prinzip	Erläuterung
Mitarbeiterorientierung	Regelmäßige fachliche, methodische Schulungen, Information und Kompetenzzuweisung
Prozessorientierung	Beherrschung und Verbesserung von Prozessen, Vorhandensein von Prozessverantwortlichen
Innovationsorientierung	Kontinuierlicher Verbesserungsprozess (KVP), Benchmarking, Förderung von Kreativität
Zielorientierung	Ergebnisverantwortung, nachhaltiges Handeln, Ausrichtung an der Strategie des Gesundheitsbetriebs
Gesellschaftliche Orientierung	Einhaltung von ethischen Anforderungen, von Gesetzen und Vorschriften
Ergebnisorientierung	Ergebniserreichung durch fairen Interessensausgleich

Das einfache Modell umfasst die drei Elemente Menschen, Prozesse und Ergebnisse, was zum Ausdruck bringen soll, dass die Mitarbeiter im Gesundheitsbetrieb (Menschen) in Prozessen und Abläufen (Prozesse) Behandlungsergebnisse (Ergebnisse) erzeugen, die den Patienten (Menschen) zugutekommen sollen.

Das erweiterte Modell besteht aus neun Kriterien (und deren Unterkriterien), die sich aus fünf Voraussetzungen und vier Ergebniskriterien zusammensetzen (siehe **Abbildung 7.5**):

■ *Voraussetzungen (enablers)*: Führung, Strategie, Mitarbeiter, Partnerschaften/Ressourcen, Prozesse,

■ *Ergebniskriterien (results)*: Mitarbeiter, -Kundenergebnisse, gesellschaftsbezogene Ergebnisse, wichtige Ergebnisse der Organisation.

Abbildung 7.5 Voraussetzungen (enablers) und Ergebniskriterien (results) des *EFQM*-Modells.

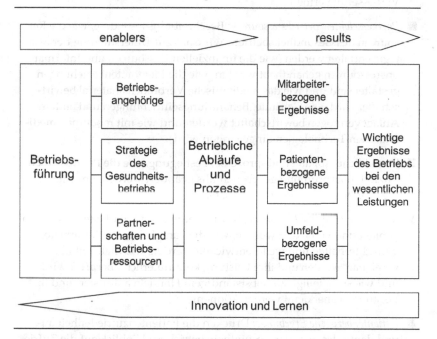

Übertragen auf den Gesundheitsbetrieb bedeuten die Kriterien Folgendes:

■ *Betriebsführung*: Das Verhalten aller Führungskräfte, um den Betrieb zu umfassender Qualität zu führen (Engagement für eine Kultur des Qualitätsmanagement, die Förderung des Verbesserungsprozesses und die Mitwirkung daran, Gewährung von Unterstützung, Bemühung um Patienten, Lieferanten und andere Externe).

■ *Betriebsangehörige*: Würdigung und Anerkennung der Anstrengungen und Erfolge der Mitarbeiter.

■ *Strategie*: Bezeichnet Daseinszweck, das Wertesystem, das Leitbild und die strategische Ausrichtung des Gesundheitsbetriebs sowie die Art und Weise der Verwirklichung dieser Aspekte (auf welchen relevanten und umfassenden Informationen die Strategie des Gesundheitsbetriebs beruht, wie sie entwickelt wird, wie sie im Betrieb bekannt gemacht und eingeführt wird und wie ihre regelmäßige Aktualisierung und Verbesserung erfolgt.

■ *Partnerschaften/Betriebsressourcen*: Beschreibt insbesondere, wie die Ressourcen des Gesundheitsbetriebs wirksam zur Unterstützung der Strategie entfaltet werden (wie die finanziellen Ressourcen und Informationsressourcen gehandhabt werden, wie die Lieferantenbeziehungen gestaltet sind und wie das medizinische Verbrauchsmaterial bewirtschaftet wird, wie Gebäude, Behandlungseinrichtungen und anderes Anlagevermögen bewirtschaftet werden und wie mit modernen medizinischen Technologien umgegangen wird).

■ Betriebliche Abläufe und -prozesse: Festlegung, wie die Prozesse identifiziert, überprüft und gegebenenfalls geändert werden, um eine ständige Verbesserung der gewährleisten.

■ *Mitarbeiterbezogene Ergebnisse*: Beschreibung, wie Mitarbeiterressourcen geplant und verbessert werden, wie die Fähigkeiten der Mitarbeiter aufrechterhalten und weiterentwickelt werden, wie Ziele mit ihnen vereinbart werden und ihre Leistung kontinuierlich überprüft wird und wie sie beteiligt, zu selbstständigem Handeln autorisiert und ihre Leistungen anerkannt werden können.   ·

■ *Patientenbezogene Ergebnisse*: Drücken die Patientenzufriedenheit aus und damit das, was der Gesundheitsbetrieb im Hinblick auf die Zufriedenheit seiner Patienten leistet. Dazu ist unter anderem festzustellen, wie sich die Beurteilung der Behandlungs- und Serviceleistungen und Patientenbeziehungen aus der Sicht der Patienten darstellt.

■ *Umfeldbezogenen Ergebnisse*: Bringen zum Ausdruck, was der Gesundheitsbetrieb im Hinblick auf die Erfüllung der Bedürfnisse und Erwartungen des gesellschaftlichen Umfeldes insgesamt leistet.

■ *Ergebnisse wesentlicher Leistungen*: Befasst sich in erster Linie mit den betriebswirtschaftlichen Ergebnissen des Gesundheitsbetriebs und beschreibt, was der Betrieb im Hinblick auf seine geplanten Ziele und die Erfüllung der Bedürfnisse und Erwartungen aller finanziell an ihm Beteiligten leistet (Festlegung von Kennzahlen und finanzielle Messgrößen zur Bewertung der betrieblichen Gesamtleistung).

Zunächst erfolgt eine Selbstbewertung des Gesundheitsbetriebs, bei der jeweils 500 Punkte in den fünf Voraussetzungen und in den vier Ergebniskriterien erreichbar sind. Die nächste Stufe (Committed to Excellence) erfordert eine Selbstbewertung, eine Priorisierung der Verbesserungspotenziale, mindestens drei erfolgreich umgesetzte Verbesserungsprojekte sowie die Begutachtung durch einen Prüfer. Das Zertifikat wird in der Regel für zwei Jahre vergeben. Die nächsthöhere Stufe (Recognized for Excellence) erfordert eine noch umfangreichere Selbstbewertung bzw. Datenerhebung durch Prüfer vor Ort.

Glossar

Abfall

Nach dem *KrW-/AbfG* sind Abfälle im Gesundheitsbetrieb „alle beweglichen Sachen, … deren sich ihr Besitzer entledigt, entledigen will oder entledigen muss. Abfälle zur Verwertung sind Abfälle, die verwertet werden; Abfälle, die nicht verwertet werden, sind Abfälle zur Beseitigung."

Ausschreibung

Wird bei größeren Beschaffungsvolumina zur Angebotseinholung durchgeführt. Mit der Ausschreibung soll eine Vergabe von Aufträgen im Wettbewerb ermöglicht werden. Potenzielle Lieferanten sollen zur Angebotsabgabe aufgefordert werden.

Bedarfsermittlung

Auslöser für den Beschaffungsprozess, bei dem die zukünftig benötigten Materialmengen anhand unterschiedlicher Verfahren geplant werden.

Beschaffung

Verfügbarmachung aller für die Erstellung der Behandlungs- und Pflegeleistungen benötigten Objekte und Dienstleistungen.

Beschaffungsmarktforschung

Stellt als Teilgebiet der allgemeinen Marktforschung die Sammlung und Aufbereitung von Informationen aktueller und potenzieller Beschaffungsmärkte für Behandlungs- und Pflegebedarf dar, um deren Transparenz zu erhöhen und beschaffungsrelevante Entwicklungen zu erkennen.

Bestandsüberwachung

Kontrollierte Führung der Bestände an Verbrauchsmaterialien für Behandlung und Pflege, um die die benötigten Materialien bereitzuhalten, mit den Zielen einer sicheren Lieferbereitschaft und -fähigkeit für alle geplanten und ungeplanten Behandlungs- und Pflegeleistungen. Zudem sollen Fehlmengenkosten vermieden werden.

Bestellpunktverfahren

Zeitpunkt der Bestellung wird so gelegt, dass der verfügbare Bestand an Verbrauchsmaterialien für Behandlung und Pflege ausreicht, um den Bedarf in der erforderlichen Wiederbeschaffungszeit zu decken.

Bestellrhythmusverfahren
Geht von einer regelmäßigen Überprüfung der Bestellnotwendigkeit von Verbrauchsmaterialien für die Behandlung und Pflege in festgelegten Zeitabständen (Kontrollzyklus) aus.

Bestellung
Aufforderung des Gesundheitsbetriebs an einen Lieferanten zur Bereitstellung eines Produktes oder einer Leistung, die in ein Vertragsverhältnis mündet, durch das sich beide Seiten zur Erfüllung der gegenseitigen Vereinbarungen verpflichten.

Bevorratungsquote
Gibt das Verhältnis der Zahl der bevorrateten zur Gesamtzahl der beschafften Verbrauchsmaterialien für Behandlung und Pflege an.

Durchführungszeit
Zeit für die Vorbereitung (Rüsten) und die eigentliche Behandlungsmaßnahme.

Durchlaufterminierung
Ihre Aufgabe ist es, Anfangs- und Endtermine der Behandlungen unter Beachtung der Arbeitsabläufe im Gesundheitsbetrieb und planbarer Durchlaufzeiten festzulegen, ohne dass zunächst Kapazitätsgrenzen berücksichtigt werden.

Empfehlungen
Wollen die Aufmerksamkeit des Gesundheitsbetriebs und der Öffentlichkeit auf änderungsbedürftige und beachtenswerte Sachverhalte lenken, dienen der umfassenden Information und Aufklärung und versuchen für die Urteilsbildung des Gesundheitsbetriebs über den aktuellen Stand des Wissens gegebenenfalls auch über veraltetes Wissen von Nutzen zu sein.

Entsorgungslogistik
Alle Maßnahmen zur Vorbereitung und Durchführung der Vermeidung, Verwertung und Beseitigung von medizinischen und sonstigen Abfällen im Gesundheitsbetrieb.

E-Procurement
Elektronischer Materialeinkauf über das Internet, der in der Regel über Lieferantensysteme abgewickelt wird, bei denen der Gesundheitsbetrieb sich hinsichtlich Bestellmodalitäten und Zahlungsabwicklung am vorgegebenen System des jeweiligen Lieferanten orientiert.

Europäisches Praxisassessment (EPA)
Wurde vor dem Hintergrund in mehreren Ländern erfolgreich eingesetzter Programme zur

Qualitätsförderung und Professionalisierung in der Allgemeinmedizin, insbesondere australischer, kanadischer und holländischer Visitationskonzepte, im Jahr 2000 von einer Gruppe von Qualitätsexperten aus dem hausärztlichen Arbeitsbereich gemeinsam mit der *Bertelsmann Stiftung* gegründet.

European Foundation for Quality Management (EFQM)
Wurde 1988 als gemeinnützige Organisation auf Mitgliederbasis von 14 führenden Unternehmen mit dem Ziel gegründet, treibende Kraft für nachhaltiges Qualitätsmanagement in Europa zu sein.

Gesundheitsbetrieb
In sich geschlossene Leistungseinheit zur Erstellung von Behandlungs- oder Pflegeleistungen an Patienten oder Pflegebedürftigen, die dazu eine Kombination von Behandlungseinrichtungen, medizinischen Produkten und Arbeitskräften einsetzt, wobei auch Betriebsmittel, Stoffe und sonstige Ressourcen zum Einsatz gelangen können, die nur mittelbar zur Erstellung der Behandlungs- oder Pflegeleistungen beitragen.

Gesundheitsbetriebslehre
Vergleichbar mit der Industriebetriebslehre, Handelsbetriebslehre oder Bankbetriebslehre: Sie befasst sich mit einer speziellen Betriebsart, den Gesundheitsbetrieben und geht davon aus, dass die Ressourcen für einen Gesundheitsbetrieb begrenzt sind und daher einen ökonomischen Umgang mit den knappen Mitteln erfordern.

Instandhaltung
Vorbeugung zur Vermeidung von Systemausfällen als übergeordnete Aufgabe des Gesundheitsbetriebs.

ISO 9000ff
Normenfamilie der *International Organization for Standardization (ISO)*, Genf, die auch mit der gleichen Bezeichnung auf europäischer Ebene und als *DIN*-Norm beim *Deutschen Institut für Normung (DIN) e.V.*, Berlin, verwendet wird und im Gegensatz zu den überwiegend technischen Normen eine Gruppe von Managementsystemnormen darstellt, die sich auch auf Gesundheitsbetriebe übertragen lassen.

Kapazitätsangebot
Gibt an, welche Leistung an einem Behandlungsplatz in einem bestimmten Zeitraum erbracht werden kann.

Kapazitätsbedarf
Gibt an, welche Leistung die einzelnen Behandlungsmaßnahmen an einem Behandlungsplatz benötigen.

Kapazitätsbelastungsrechnung
Bei ihr wird für jede Behandlungsmaßnahme die kumulierte zeitliche Belastung durch alle Arbeitsvorgänge, differenziert für jede Periode (zum Beispiel Tag, Woche), bestimmt, wobei das Problem entsteht, wie die Rüst- und Behandlungsvorgänge zeitlich innerhalb der jeweiligen Plan-Durchlaufzeiten aufgeteilt werden sollen.

Kooperation für Transparenz und Qualität im Gesundheitswesen (KTQ)
Ein im Krankenhausbereich weit verbreitetes Zertifizierungsverfahren zur Darlegung und Begutachtung von Qualitätsmanagementsystemen im Gesundheitswesen.

Lagernutzungsgrad
Gibt das Verhältnis von genutzter zur verfügbarer Lagerfläche im Gesundheitsbetrieb an.

Lagerreichweite
Zeigt auf, wie lange der durchschnittliche Lagerbestand an Verbrauchsmaterialien für Behandlung und Pflege bei einem durchschnittlichen Verbrauch ausreicht.

Lagerumschlagshäufigkeit
Gibt das Verhältnis aus Menge an Verbrauchsmaterialien für Behandlung und Pflege pro Zeiteinheit und dem durchschnittlichen Lagerbestand an.

Lastenheft
Beschreibt als Anforderungsspezifikation (Requirement Specification) die zu erwartende Leistung möglichst genau und stellt die Grundlage für eine spätere Ausschreibung dar, in dem es die Forderungen an die Lieferung und Leistung eines Auftragnehmers innerhalb eines Auftrages beschreibt.

Leistungsdiversifikation
Anzahl der verschiedenen Leistungsarten, die erbracht werden sollen, wobei man üblicherweise horizontale (Behandlungs- und Pflegeleistungen stehen in einem sachlichen Zusammenhang), vertikale (vor- oder nachgelagerte Behandlungs- und Pflegeleistungen) und laterale Diversifikation (kein sachlicher Zusammenhang zwischen Behandlungs- und Pflegeleistungen) unterscheidet.

Leistungserstellung
Befasst sich mit allen Maßnahmen zur Erhaltung, Stabilisierung und Wiederherstellung der Gesundheit, worunter alle medizinischen Untersuchungs- und Behandlungsmaßnahmen, aber auch Maßnahmen der Pflege, der Rehabilitation und Vorbeugung zu verstehen sind.

Leistungsfelder
Gedankliche Einheit von verwandten oder ähnlichen medizinischen Leistungen.

Leistungstiefe
Gibt Umfang, Vollständigkeit und Komplexitätsgrad der einzelnen Leistungsart, die erbracht werden soll, an.

Leitlinien
Systematisch entwickelte Entscheidungshilfen über angemessene Vorgehensweisen bei speziellen diagnostischen und therapeutischen Problemstellungen, die einen Entscheidungsspielraum und "Handlungskorridore" offen lassen, von denen in begründeten Einzelfällen auch abgewichen werden kann.

Lieferbereitschaftsgrad
Gibt die durchschnittliche Zeitspanne zwischen der Bedarfsanforderung und der Bereitstellung der Verbrauchsmaterialien für Behandlung und Pflege aus dem Lager an.

Logistik
Integrierte Planung, Durchführung und Kontrolle von Material-, Energie- und Informationsströmen zwischen dem Gesundheitsbetrieb, seinen Patienten, Mitarbeitern, Lieferanten und zusammenarbeitenden Einrichtungen zur Erstellung von Behandlungs- und Pflegeleistungen.

Logistikmanagement
Gesamte Planung, Steuerung und Kontrolle des Material-, Informations- und Energieflusses von den Lieferanten zum Gesundheitsbetrieb, im Gesundheitsbetrieb und vom Gesundheitsbetrieb zur Entsorgung, um jederzeit die Versorgung des Gesundheitsbetriebs und seiner Patienten mit den nötigen medizinischen Leistungen und Materialien sicherzustellen.

Materialkommissionierung
Bei ihr werden aus der (eingelagerten) Gesamtmenge der Verbrauchsmaterialien für Behandlung und Pflege bedarfsorientierte Teilmengen zusammengestellt, die für einzelne Behandlungs- und Pflegemaßnahmen notwendig sind.

Materialwirtschaft

Umfasst alle Vorgänge der Bewirtschaftung von medikamentösen, medizinischen, pharmazeutischen Heilmitteln und sonstigen Stoffen sowie medizintechnischen und sonstigen Betriebsmitteln, unabhängig davon, für welche Teilbereiche des Gesundheitsbetriebs diese durchgeführt werden, wobei es ihre Aufgabe ist, alle im Gesundheitsbetrieb benötigten Materialien zur Sicherstellung der Bereitschaft zur Erbringung der Behandlungs- und Pflegeleistungen zur richtigen Zeit, am richtigen Ort, in der richtigen Qualität und Menge bereitzustellen.

Normierung

Vereinheitlichung von einzelnen Medizinprodukten, Teilen davon oder bestimmte Vorgehensweisen.

Primärbedarf

Die durch das Leistungsprogramm des Gesundheitsbetriebs nach Zeit und Menge gegebenen Behandlungs- und Pflegemaßnahmen.

Prioritätsregeln

Näherungsverfahren, die nach bestimmten Reihenfolgekriterien Prioritäten vergeben, nach denen die Behandlungsmaßnahmen abgearbeitet werden können.

Produktivität

Zählt sicherlich zu den umstrittensten Begriffen im gesamten Gesundheitswesen und wird mit dem Verhältnis von Output zu Input als Quotient der einander zahlenmäßig gegenübergestellten Größen wiedergegeben.

Qualitätsbericht

Enthält die konkreten Leistungen sowie Strukturdaten des Gesundheitsbetriebs und macht diese Prozessabläufe für die Öffentlichkeit transparent.

Qualitätsmanagement

Es besteht aus der Planung und Verwirklichung aller Maßnahmen, die notwendig sind, die Leistungen des Gesundheitsbetriebs und deren Entstehung so zu gestalten, dass die Patientenbedürfnisse erfüllt werden.

Qualitätsmanagementsystem

Organisationsstrukturen, Verfahren, Prozesse und Mittel, die dazu notwendig sind, die medizinischen Qualitätsforderungen zu erfüllen.

Qualitätsziel-Katalog

Besteht gemäß *QEP* aus den Kapiteln Patientenversorgung, Patientenrechte und Patientensi-

cherheit, Mitarbeiter und Fortbildung, Praxisführung und -
organisation sowie Aufgaben
der Qualitätsentwicklung, die
prozessorientiert in Anlehnung
an den Ablauf der Patientenversorgung gestaltet sind.

**Qualität und Entwicklung in
Praxen (QEP)**
Wurde von den *Kassenärztlichen
Vereinigungen* und der *Kassenärztlichen Bundesvereinigung
(KBV)* in Zusammenarbeit mit
niedergelassenen Ärzten und
Psychotherapeuten sowie mit
Qualitätsmanagementexperten
unter Einbeziehung von Berufsverbänden und Arzthelferinnen
speziell für Arztpraxen entwickelt, um die gesetzlichen Anforderungen optimierend in der
einzelnen Praxis umzusetzen.

Rahmenvertrag
Regelt grundsätzliche Aspekte
der Zusammenarbeit mit dem
Lieferanten und beinhaltet jedoch
Flexibilität für konkrete Beschaffungsfälle, sodass Material, Preis
und Qualität fest vereinbart werden können, die Liefermenge und
der Lieferzeitpunkt jedoch zunächst offen bleiben (beispielsweise Abruf- oder Sukzessivlieferungsvertrag).

Recycling
Verwertungsverfahren, die medizinische Verbrauchsmaterialien nach Gebrauch entweder für
den ursprünglichen Zweck oder
für andere Zwecke aufbereiten.

Reklamation
Kann erforderlich sein, wenn die
Materialien fehlerhaft sind und
damit zugesicherte oder zu erwartende Eigenschaften nicht
erfüllen, wobei der Gesundheitsbetrieb in diesem Fall rechtliche Möglichkeiten hat, gegen
den Mangel vorzugehen.

Richtlinien
Von Institutionen veröffentlichte
Regeln des Handelns und Unterlassens, die dem einzelnen
Gesundheitsbetrieb einen geringen Ermessensspielraum einräumen und deren Nichtbeachtung Sanktionen nach sich ziehen kann.

Sekundärbedarf
Bedarf an Repetierfaktoren zur
Erstellung des Leistungsprogramms des Gesundheitsbe-
triebs.

Standardisierung
Vereinheitlichung von medizini-
schen Begriffen, Bezeichnungen,
Behandlungsverfahren etc.

Supply Chain Management

Betrachtung der gesamten Wertschöpfungskette, die über die Grenzen des Gesundheitsbetriebs hinausgeht und die eine übergreifende Prozessorientierung sowie integrierte Planung und Steuerung der Material- und Informationsflüsse vom Lieferanten von medizinischem Verbrauchsmaterial, über die Erbringung der Behandlungs- und Pflegeleistungen am Patienten, bis hin zur fachgerechten Entsorgung medizinischer Abfälle umfasst.

Total Quality Management

Eine auf der Mitwirkung aller Mitarbeiter beruhenden Führungsmethode, die Qualität in den Mittelpunkt stellt und durch Zufriedenstellung der Patienten auf den langfristigen betrieblichen Erfolg zielt.

Übergangszeit

Zeitspanne (Liegen, Warten nach der Behandlung, Transportieren, Liegen vor der Behandlung etc.), die zwischen der Erledigung des Behandlungsvorgangs am Vorgängerbehandlungsplatz und dem Start des nächstfolgenden Behandlungsvorgangs der gleichen Behandlungsmaßnahme am nachfolgenden Behandlungsplatz vergeht.

Unit-Dose-System

Stellt eine patientenindividuelle Arzneimittelversorgung dar, bei der vorgeschnittene Tablettenblister, Ampullen, Kurz-Infusionen und Spritzen in Einzelverpackungen bereitgestellt, mit einem Barcode versehen und beispielsweise an die Stationen eines Krankenhauses abgegeben werden.

Visitoren

Ärzte, Psychotherapeuten oder andere Personen mit beruflicher Erfahrung aus dem ambulanten Gesundheitswesen, die nach der Teilnahme an einem Visitorentraining und Qualifizierungsvisitationen von der KBV akkreditiert und berechtigt sind, nach dem *QEP*-Verfahren Praxisvisitationen durchzuführen.

Vorratsintensität

Gibt Aufschluss über die Kapitalbindung in den Vorräten an Verbrauchsmaterialien für Behandlung und Pflege.

Wartung

Abnutzungsreduzierung durch fachgerechten, planmäßigen Austausch von Verschleißteilen funktionserhaltendes Reinigen, Konservieren oder Nachfüllen von Verbrauchsstoffen, um eine möglichst lange Lebensdauer und einen geringen Verschleiß der gewarteten Medizinprodukte zu erreichen.

Zahlung
Teil der Vertragserfüllung in Form der Übermittlung eines Entgelts für die Lieferung der medizintechnischen Betriebsmittel, Verbrauchsmaterialien für Behandlung und Pflege oder Dienstleistungen.

Zertifizierung
Bestätigung eines unabhängigen, sachverständigen Dritten, dass im Gesundheitsbetrieb ein Qualitätsmanagementsystem dokumentiert und eingeführt ist sowie aufrechterhalten wird.

Abbildungsverzeichnis

Tabellenverzeichnis

Literaturhinweise

Abfallverzeichnis-Verordnung (AVV) vom 10. Dezember 2001 (BGBl. I S. 3379), zuletzt durch Artikel 7 des Gesetzes vom 15. Juli 2006 (BGBl. I S. 1619) geändert.

Abfallwirtschaftsbetrieb München (AWM): Der richtige Umgang mit Abfällen aus dem Gesundheitswesen, Gewerbe-Information des Abfallwirtschaftsbetriebes München – Medizinische Abfälle, Faltblatt, Februar 2009.

Alten- und Pflegeheim Anlagenring GmbH, Frankfurt a. M.: Ökologisches Verständnis - Der Umgang mit Abfällen, http://www.anlagenring.de/f_oekologie.html; Abfrage: 01.11.2010.

AQUA - Institut für angewandte Qualitätsförderung und Forschung im Gesundheitswesen GmbH: Was ist EPA?, http://www.europaeisches-praxisassessment.de/epa/front_content.php?idcat=5; Abfrage: 16.11.2010.

Arbeitsgemeinschaft der Wissenschaftlichen Medizinischen Fachgesellschaften (AWMF): Diagnostik und Therapie des Karpaltunnelsyndroms, AWMF Leitlinien-Register Nr. 005/003 (Neufassung: 11/2006), http://www.uni-duesseldorf.de/AWMF/ll/005-003.htm; Abfrage: 22.09.2010.

Arzneimittelgesetz (AMG) in der Fassung der Bekanntmachung vom 12. Dezember 2005 (BGBl. I S. 3394), zuletzt durch Artikel 1 des Gesetzes vom 17. Juli 2009 (BGBl. I S. 1990) geändert.

Betäubungsmittelgesetz (BtMG) in der Fassung der Bekanntmachung vom 1. März 1994 (BGBl. I S. 358), zuletzt durch Artikel 2 des Gesetzes vom 29. Juli 2009 (BGBl. I S. 2288) geändert.

Betäubungsmittel-Verschreibungsverordnung (BtMVV) vom 20. Januar 1998 (BGBl. I S. 74, 80), zuletzt durch Artikel 3 des Gesetzes vom 15. Juli 2009 (BGBl. I S. 1801) geändert.

Betghe, J.: Zeitabschnitte im OP, http://www.op-inside.de/page31/page22/page22.html; Abfrage: 27.10.2010.

Bohle, T. (2000): Rechtsfragen der Wiederaufbereitung und Resterilisation von Einmalprodukten im Krankenhaus, in: Biomedizinische Technik/Biomedical Engineering, Band 45, Heft 6, DeGruyter-Verlag, Berlin, S. 168.

Bundesärztekammer: Verbindlichkeit von Richtlinien, Leitlinien, Empfehlungen und Stellungnahmen, http://www.bundesaerztekammer.de/page.asp?his=0.7; Abfrage: 22.09.2010.

Bundesinstitut für Arzneimittel und Medizinprodukte - Bundesopiumstelle – (BfArM): Richtlinie4114 - K (1.07) über Maßnahmen zur Sicherung von Betäubungsmittelvorräten im Krankenhausbereich, in öffentlichen Apotheken, Arztpraxen sowie Alten- und Pflegeheimen (Stand: 1.1.2007), http://www.bfarm.de/cln_028/nn_424412/SharedDocs/Publikationen/DE/Bundesopiumstelle/BtM/rechtsgrund/sicherung4114-k,templateId=raw,property=publicationFile.pdf/sicherung4114-k.pdf; Abfrage: 11.10.2010.

Bundesministerium für Bildung und Forschung: Gesundheitsforschung, http://www.gesundheitsforschung-bmbf.de/de/200.php; Abfrage: 20.09.2010.

Bundesministerium für Bildung und Forschung: Studie zur Situation der Medizintechnik in Deutschland im internationalen Vergleich – Zusammenfassung, http://gesundheitsforschung-bmbf.de/_media/Medizintechnik-Studie.pdf; Abfrage: 18.10.2010.

Carl-Thiem-Klinikum Cottbus: Damit alles fließt, in: Mitarbeiterzeitung „Wir im Thiem", 3-4/2008, http://www.ctk.de/Damit-alles-fliesst-Aus-Wir-im-Thiem-3-4-2008.760.0.2.html; Abfrage: 13.10.2010.

Chemikaliengesetz (ChemG) in der Fassung der Bekanntmachung vom 2. Juli 2008 (BGBl. I S. 1146).

Christusträger-Sozialwerk e.V. Alten- und Pflegeheim Morija: Das Haus, http://www.hausmorija.de/das-haus.html; Abfrage: 11.10.2010.

Corsten, H. (1997): Dienstleistungsmanagement, 3. Auflage, Oldenbourg-Verlag, München u. a., S. 125ff.

Darkow, H. (Hrsg.): Altenheim-Hygiene – Abfallentsorgung, http://www.altenheim-hygiene.de/information/lexikon/abfallentsorgung.html; Abfrage: 01.11.2010.

Deutsche Gesellschaft für Sterilgutversorgung e.V. (DSGV): Empfehlungen des AK „Qualität" (32): Aufbau von Qualitätsmanagement in der Praxis der ZSVA, in: Zentralsterilisation, 12. Jahrg. 2004, mhp-Verlag, Wiesbaden, S. 61f.

Eisert, A. u. a. (2005): Medizinische Gase aus Sicht des Apothekers, in: kma-online vom 01.08.2005, http://www.kma-online.de/nachrichten/ verbaende/fkt/id__11008__no_cache__1__view.html, Abfrage: 29.09.2010.

Frodl, A. (2010): Gesundheitsbetriebslehre, Gabler GWV Fachverlage, Wiesbaden

Frodl, A. (2008): BWL für Mediziner, Walter de Gruyter Verlag, Berlin u. a.

Frodl, A. (2007): Management-Lexikon für Mediziner, Schattauer-Verlag, Stuttgart.

Frodl, A. (2004): Management von Arztpraxen: Kosten senken, Effizienz steigern - Betriebswirtschaftliches Know-how für die Heilberufe, Gabler GWV Fachverlage, Wiesbaden.

Frodl, A. (1998): Dienstleistungslogistik, Oldenbourg-Verlag, München.

Gefahrstoffverordnung (GefStoffV) vom 23. Dezember 2004 (BGBl. I S. 3758, 3759), zuletzt durch Artikel 2 der Verordnung vom 18. Dezember 2008 (BGBl. I S. 2768) geändert.

Gemeinsamer Bundesausschuss (GBA): Gesetzlicher Auftrag und Arbeitsweise, http://www.GBA.de/; Abfrage: 22.09.2010.

Hoffmann, M. u. a. (2008): Abfallmanagement an einem Krankenhaus mit Maximalversorgung, Band 20 der Schriftenreihe des Lehrstuhls Abfallwirtschaft und des Lehrstuhls Siedlungswasserwirtschaft der Bauhaus-Universität Weimar, Rhombos Verlag, Berlin.

Infektionsschutzgesetz (IfSG) vom 20. Juli 2000 (BGBl. I S. 1045), zuletzt durch Artikel 2a des Gesetzes vom 17. Juli 2009 (BGBl. I S. 2091) geändert.

Institut für Qualität und Wirtschaftlichkeit im Gesundheitswesen (IQWiG): Institutsdarstellung, http://www.iqwig.de/ueber-uns.21.html; Abfrage: 08.11.2010.

Immel-Sehr, A.: Automatisch mehr Zeit, in: Pharmazeutische Zeitung online, http://www.pharmazeutische-zeitung.de/index.php?id=5316; Abfrage: 13.10.2010.

Kassenärztliche Bundesvereinigung (KBV): QEP - In der Praxis, http://www.kbv.de/qep/11469.html; Abfrage: 11.11.2010.

Klinik Logistik Eppendorf GmbH (KLE): Aufgaben/Leistungen, http://www.uke.de/zentrale-dienste/kle/index_18285.php?id=8_0_0&as_link=http%3A//www.uke.de/zentrale-dienste/kle/index_18285.php&id_link=8_14_1&as_breadcrumb=%3Ca%20href%3D%22/index.php%22%3E%7C%20Home%3C/a%3E%20%3E%20%3Ca%20href%3D%22/zentrale-dienste/index.php%22%3EZentrale%20Dienste%3C/a%3E%20%3E%20%3Ca%20href%3D%22/zentrale-dienste/kle/index.php%22%3EKLE%20%28Klinik%20Logistik%20Eppendorf%29%3C/a%3E%20%3E%20%20%20Aufgaben%20/%20Leistungen%20%3E%20ZSVA; Abfrage: 06.09.2010.

Klinikum Dahme-Spreewald, Spreewaldklinik Lübben: Qualitätsziele, http://www.spreewaldklinik.de/ueber-uns/qualitaetsmanagement/qualitaetsziele.html; Abfrage: 10.09.2010.

Koeniger, R. u. a. (2006): Präklinik mit integrierter Aufnahmestation: Zukunftsweisendes Konzept, in: Deutsches Ärzteblatt 2006; 103(42): A 2770–3; http://www.aerzteblatt.de/v4/archiv/artikel.asp?src=heft&id=53141; Abfrage: 27.10.2010.

Kreislaufwirtschafts- und Abfallgesetz (KrW-/AbfG) vom 27. September 1994 (BGBl. I S. 2705), zuletzt durch Artikel 8 des Gesetzes vom 11. August 2010 (BGBl. I S. 1163) geändert.

Kriegel, J. u. a. (2009): Krankenhauslogistik - Potenziale, Chancen und Risiken für Kontraktlogistikdienstleister in der Medikalprodukteversorgung, Fraunhofer ATL (Hrsg.), Fraunhofer-Verlag, Nürnberg.

Krüger-Brand, H. (2008): RFID-Einsatz im Krankenhaus: Störungen bei medizinischen Geräten möglich, in: Deutsches Ärzteblatt, 105. Jahrg., Heft 33, 08/2008, Deutscher Ärzte-Verlag, Köln 2008, S. 1749.

Kooperation für Qualität und Transparenz im Gesundheitswesen (KTQ): KTQ – unser Zertifizierungsverfahren, http://www.ktq.de/ktq_verfahren/index.php; Abfrage: 09.11.2010.

Lamm, C. u. a.: VOL-Handbuch – unter Berücksichtigung der Europäischen Vergaberichtlinien, Loseblattsammlung, 2. neu bearbeitete Auflage des 1991 erschienen Werkes „Öffentliche Aufträge nach VOL/A", Verlagsgruppe Hüthig Jehle Rehm, Heidelberg u. a. 2009, Stand: September 2010.

LWL Pflegezentrum Marsberg: Pflegequalität, http://www.lwl.org/LWL/Gesundheit/psychiatrieverbund/P/pz_marsberg/Qualitaetssicherung/; Abfrage: 19.11.2010.

Medizinprodukte-Betreiberverordnung (MPBetreibV) in der Fassung der Bekanntmachung vom 21. August 2002 (BGBl. I S. 3396), zuletzt durch Artikel 4 des Gesetzes vom 29. Juli 2009 (BGBl. I S. 2326) geändert.

Medizinproduktegesetz (MPG) in der Fassung der Bekanntmachung vom 7. August 2002 (BGBl. I S. 3146), zuletzt durch Artikel 6 des Gesetzes vom 29. Juli 2009 (BGBl. I S. 2326) geändert.

Medizinprodukte-Sicherheitsplanverordnung (MPSV) vom 24. Juni 2002 (BGBl. I S. 2131), zuletzt durch Artikel 3 des Gesetzes vom 29. Juli 2009 (BGBl. I S. 2326) geändert.

Müller, B. (Siemens AG): Pictures of the Future – Heilung nach Plan, http://www.siemens.com/innovation/de/publikationen/zeitschriften_pic tures_of_the_future/pof_herbst_2007/zukunft_der_fabriken/workflow-simulation.htm; Abfrage: 27.10.2010.

Normenausschuss Medizin (NAMed) im Deutschen Institut für Normung e. V. (DIN): Aufgabengebiet des NA 063, http://www.named.din.de/ cmd?level=tpl-suchergebnis-normen&committeeid=54738987&search Display=-tabelle&limitationtype=&searchaccesskey=NORMS&pageid =64&languageid=de; Abfrage: 22.09.2010.

Normenausschuss Rettungsdienst und Krankenhaus (NARK) im Deutschen Institut für Normung e. V. (DIN): Aufgabengebiet des NA 053, http://www.nark.din.de/cmd;jsessionid=ED817108408AB743F6C44C09D DC73993.1?level=tpl-bereich&menuid=46515&cmsareaid=46515&com-mitteeid=54738959&bcrumblevel=1&languageid=de; Abfrage: 22.09.2010.

Parsons, T. (1981): Einige theoretische Betrachtungen zum Bereich der Medizinsoziologie, in: Sozialstruktur und Persönlichkeit (Parsons, T. Hrsg.), 4. Auflg., Klotz-Verlag, Eschborn.

Robert-Koch-Institut (RKI): Richtlinie über die ordnungsgemäße Entsorgung von Abfällen aus Einrichtungen des Gesundheitsdienstes (Stand: Januar 2002), http://www.rki.de/cln_151/nn_201414/DE/Content/Infekt/ Krankenhaushygiene/Kommission/Downloads/LAGA-Rili,templateId =raw,property=publicationFile.pdf/LAGA-Rili.pdf; Abfrage: 21.10.2010.

Semper, L. (1982): Produktivitätsanalysen für kommunale Dienstleistungen – Theoretische Grundlagen und empirische Ergebnisse (Dissertation), Augsburg.

Sozialgesetzbuch (SGB)- Fünftes Buch Gesetzliche Krankenversicherung –
Artikel 1 des Gesetzes vom 20. Dezember 1988, BGBl. I S. 2477, zuletzt
durch Artikel 1 des Gesetzes vom 30. Juli 2009 (BGBl. I S. 2495) geändert.

Statistisches Bundesamt: Kennzahlen zum Thema Gesundheit,
http://www.statistischesbundesamt.de/, Abfrage: 24.04.2009.

Süddeutsche Zeitung vom 27.08.2010: Infusion durch kaputte Flasche ver-
seucht, http://www.sueddeutsche.de/panorama/bakterienskandal-in-
mainz-baby-infusion-durch-kaputte-flasche-verseucht-1.992972, Abfrage. 29.09.2010.

Universitätsklinikum Freiburg i. Breisgau: Qualitätsmanagement,
http://www.uniklinik-freiburg.de/kliniqm/live/ktq-zertifizierung.html;
Abfrage: 12.11.2010

Universitätsklinikums Heidelberg, Department für Infektiologie: Materialtransport, http://www.klinikum.uni-heidelberg.de/Materialtransport.
9059.0.html; Abfrage: 13.10.2010.

Universitätsklinikum Jena: Das Universitätsklinikum Jena in Daten und
Fakten, http://www.uniklinikum-jena.de/Klinikum_in_Zahlen.html; Abfrage: 01.10.2010.

Universität Wien, Kooperationsprojekt „Qualität im Krankenhaus", Modellprojekt OP-Organisation, Patientenbezogene Zeitmarken,
http://www.univie.ac.at/qik/mp3/patzm.pdf; Abfrage: 27.10.2010.

Vergabeverordnung (VgV) in der Fassung der Bekanntmachung vom 11.
Februar 2003 (BGBl. I S. 169), die zuletzt durch Artikel 2 des Gesetzes
vom 20. April 2009 (BGBl. I S. 790) geändert.

Wiener Krankenanstaltenverbund (KAV): Analytik und Qualitätskontrolle,
http://www.akhwien.at/default.aspx?pid=2791, Abfrage: 29.09.2010.

Stichwortverzeichnis